KB234566

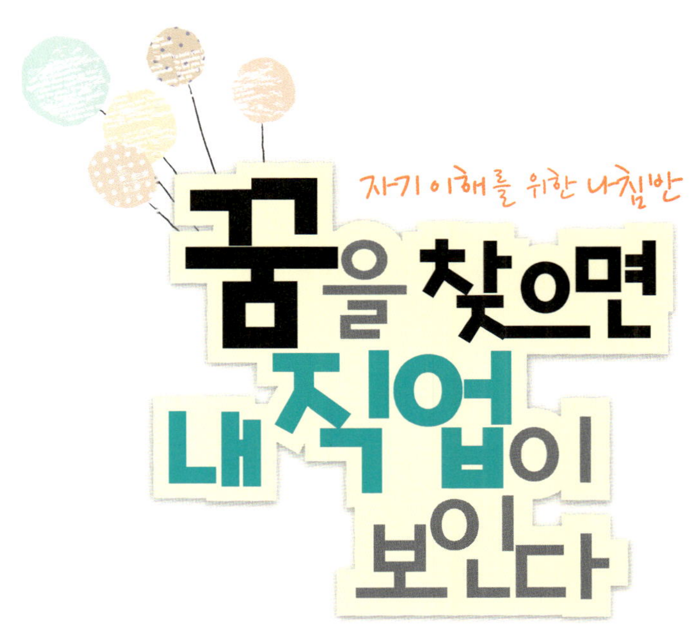

꿈을 찾으면 내 직업이 보인다

최명선 | 문은미 | 서진아 지음

책을 시작하며

배를 만들기 위해서는 뛰어난 기술보다 저 넓은 바다에 대한 동경이 우선이다. 주변에는 무엇을 할 것인가에 대한 고민 없이 무작정 열심히 하는 청소년들이 많다. 안타까울 정도로 공부에 매달리고, 자신에 대해 돌아볼 여유조차 없는 우리 청소년들은 왜 배를 만들어야 하는지도 모르고 열심히 땀을 흘리고 있다.

어디로 갈 것인지를 신중히 생각하고 출발하는 차가 무작정 달리기 시작하여 여기저기 헤매는 차보다 먼저 목표지점에 도착하는 것처럼 진로목표를 먼저 설정하고 열심히 노력한다면 훨씬 수월하게 꿈을 이룰 수 있을 것이다.

최근에는 성적 위주의 선발을 지양하고, 잠재력과 발전가능성 등 다양한 능력과 소질을 평가해 선발하자는 취지의 입학사정관제의 도입으로 청소년들의 조기 진로탐색과 설계가 그 어느 때보다 중요하게 대두되고 있다. 성적으로 평가하기 어려운 청소년의 잠재력을 평가해 숨은 인재를 발굴하기 위해서는 꿈을 향한 확신이나 진실성에 주목할 것이다.

이 책은 자기이해와 직업세계에 대한 이해를 바탕으로 합리적인 진로목표를 설정하여 진로를 설계하는 데에 도움이 될 것이다. 이 책의 구성을 살펴보면 다음과 같다. Ⅰ에서는 삶과 직업에 대한 내용으로 구성되어 있다. Ⅱ에서는 자신의 흥미, 성격, 적성, 가치관, 현실 여건 등을 탐색할 수 있는 내용으로 구성되어 있다. Ⅲ에서는 직업 세계에 대해 구체적으로 이해하고 탐색할 수 있는 내용으로 구성되어 있다. Ⅳ에서는 앞서 이해하고 탐색한 내용을 보다 구체적으로 설계해 볼 수 있는 내용으로 구성되어 있다. 마지막으로 V에서는 이 책을 통해 설계한 미래를 구체화하고 자신의 꿈을 이룰 수 있는 자신감을 가질 수 있는 내용으로 구성되어 있다. 성실하게 이 책을 따라 꿈을 이루는 보물찾기를 하다 보면 어느새 자신이 가진 보물을 발견하게 되고 그 보물을 가꾸어 나갈 수 있을 것이다.

이 책은 진로탐색을 원하는 중·고등학생부터 대학생을 비롯하여 그들을 상담하고 교육시키는 교사와 부모에게 도움이 되도록 설계하였다. 대학교 1, 2학년의 교양과목, 상담과 교육 관련 전공과목, 청소년상담자 교육과정, 진로지도교사 양성과정, 부모교육 등의 장면에서도 유용하게 사용될 수 있을 것이다.

이 책에서는 청소년이 알고 싶어 하지만, 다른 진로관련 서적에서 찾아보기 힘들었던 '직업'에 대한 정보를 구체적으로 담았다. 많은 청소년이 이해하기 쉽게 기술하고자 노력하였다. 그러나 이 책에는 취업을 앞둔 졸업예정자나 졸업생에게 도움이 될 만한 취업서류 작성방법, 이미지 메이킹, 면접요령 등이 담겨 있지 않아 다소 아쉽다. 저자들은 추후 졸업예정자나 졸업생이 보다 쉽고 재미있게 취업준비를 할 수 있는 안내서를 출간할 계획이다.

2010년 5월

차례

I. 들어가기

01 나의 인생

"준비된 자에게 기회는 온다."

세상에는 두 가지 부류의 사람이 있습니다. 기회가 왔을 때 꽉 잡는 사람과 기회가 왔을 때 기회를 놓치는 사람입니다. 여러분은 어느 부류의 사람이 되고 싶나요? 기회를 잡는 방법은 다양하겠지만, 놓치는 방법도 다양합니다. 우선, 기회가 찾아왔지만 기회인지도 모르고 놓칠 수도 있겠고, 시간이 없어 기회를 놓칠 수도 있겠고, 기회를 잡을 만한 능력을 가지고 있지 않아 놓칠 수도 있을 것입니다. 기회를 잡으려면, 기회가 기회인지를 알아야 하고 준비가 되어 있어야 합니다.

우리 인생에서 기회는 자주 찾아오지 않습니다. 여러분의 꿈과 행복을 위해 기회가 찾아왔을 때 그 기회를 꽉 잡는 사람이 되기를 바랍니다. 기회를 꽉 잡으려면 준비된 인재가 되어야 합니다. 준비된 인재가 되기 위해서 여러분의 현재와 과거를 돌아볼 필요가 있습니다. 그래야만 여러분의 인생에서 무엇을 얻고자 하는지, 무엇을 이룰 수 있는지, 무엇을 준비해야 하는지를 잘 알 수 있기 때문입니다. 이 책은 여러분 자신과 직업 세계에 대해 더 잘 알게 되고, 현명한 선택을 통해 행복한 삶을 일구어 가는 방법을 터득할 수 있도록 도움이 되어 줄 것입니다.

 # 나의 인생 곡선

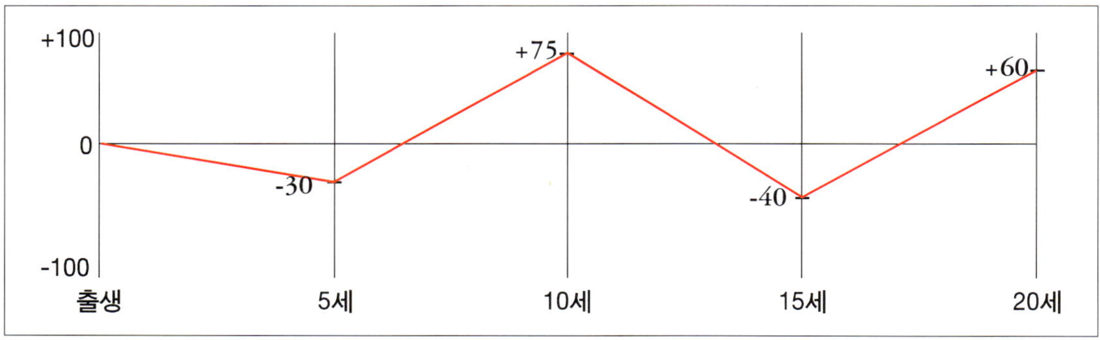

〈예〉 나의 인생 곡선

 # 행복했던 순간 · 불행했던 순간

구분	점수	나의 노력	기억에 남는 일
0~5세	-30	부모님께서 주시는 약을 받아먹음.	건강이 좋지 않아 2~3일에 하루꼴로 병원과 조산소를 전전함. 링거가 사탕보다 익숙한 시기.
5~10세	+75	수줍음을 버리고 활달해지려고 노력함.	유치원대신 속셈학원과 영어학원으로 조기교육을 시작함. 최초로 인맥이 형성되고, 초등학교 반장 선거에 당선됨.
10~15세	-40	싸운 후 내 잘못을 돌아보고 고치려고 노력함.	초등학교 고학년 때부터 성적이 떨어짐. 텔레비전을 많이 본다고 매일 오빠에게 구박받음. 오빠에 대한 반항심이 극대화되는 시기.
15~20세	+60	수능은 한 번뿐이라고 생각하고 최선을 다함.	'집—학교—학원'의 반복. 지겹도록 공부하다가 수능을 봄. 영어점수가 예상보다 낮게 나와 수시탈락. 한 등급 더 낮은 곳으로 전학함.

〈예〉 행복했던 순간 · 불행했던 순간

 보물찾기 TIP

인생의 곡선을 그려봄으로써 여러분 자신에 대한 삶을 보다 구체적으로 돌아보게 되고, 미래에 대한 준비의 필요성을 느낄 수 있을 것입니다.

 # 인생 곡선 그려보기

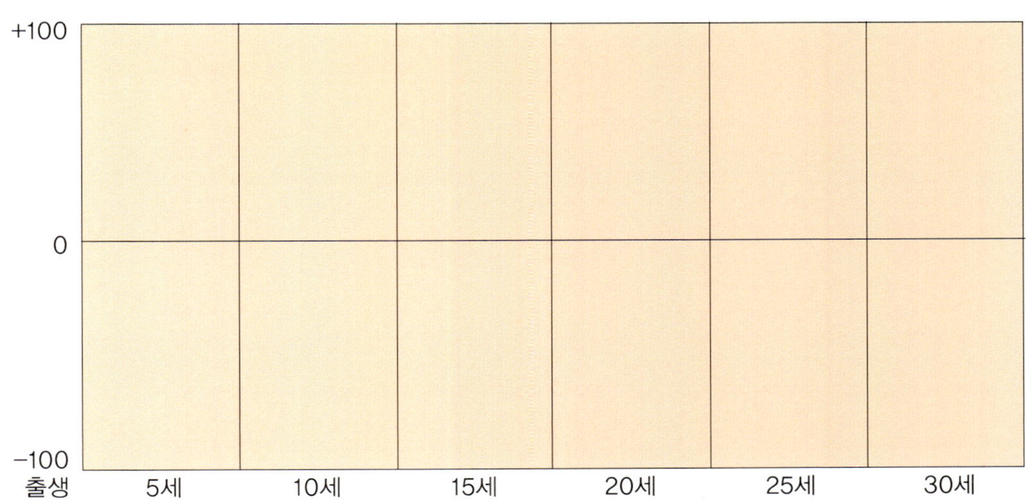

>>> 앞장에 제시되어 있는 예시를 참고로 하여 여러분의 지금까지 삶을 떠올려 보고 행복했던 순간과 불행했던 순간을 각각 점수 매겨 봅시다. 그 후 그때 여러분이 했던 일과 가장 기억에 남았던 일을 적어 봅시다.

〈점수는 0점을 기준으로 가장 행복했던 때를 +100점, 가장 힘들었던 때를 −100점으로 하여 점수를 매겨 봅니다.〉

구분	점수	그때 내가 했던 일	그때 가장 기억에 남는 일
0~5세			
5~10세			
10~15세			
15~20세			
20~25세			
25~30세			

삶과 직업

> 어떤 사람은 행복을 추구하고,
> 어떤 사람은 행복을 창조한다.
>
> – 무명 –

사람들은 정말 다양한 모습으로 살아가고 있습니다. 사람들마다 외모, 성격, 흥미, 적성 등이 모두 다릅니다. 사람들이 각양각색으로 살아가는 만큼 각자 추구하는 것도 다양하겠지요? 어떤 삶을 선택할 것인가는 각자가 추구하는 가치에 따라 다양하며 선택한 가치 추구를 위해 열심히 살아갑니다. 왜 그렇게 열심히 살아가느냐고 물으면, 대부분의 사람은 '행복'하고 싶어서라고 말할 것입니다. 그렇습니다. 사람들은 행복해지기 위해서 사는 것입니다.

대부분의 직장인은 자는 시간보다도 더 많은 시간을 일하면서 보냅니다. 보통 출퇴근 시간까지 포함해서 10시간이 넘는 시간을 말입니다. 그런데 그렇게 많은 시간을 보내는 '일'이 정말로 하기 싫은 일이라고 생각해 보세요. 얼마나 끔찍하고 불행한 일입니까? 칸트는 행복해지고 싶다면 '어떤 일을 하라. 어떤 사람을 사랑하라. 어떤 일에 희망을 가지라.'고 했습니다. 매일매일 하는 일이 즐겁다면 그 삶은 얼마나 생생하고 행복할까요?

이 책을 한 장 한 장 넘기면서 여러분의 삶의 목적은 무엇인지, 여러분이 행복한 삶을 살기 위해서 어떤 일을 하면 좋을지, 여러분이 선택한 일을 직업으로 갖기 위해 어떤 준비를 해야 하는지를 하나하나 살펴보시기 바랍니다. 그러면 지금 여러분이 하고 있는 공부도 여러분의 꿈을 이루어 준다고 여겨져 공부가 재미있어질지도 모릅니다. 현재는 힘들지만, 지금의 수고가 미래의 삶을 보다 행복하게 만들어 줄 것입니다.

여러분은 행복을 추구하고 싶나요? 행복을 창조하고 싶나요?

 # 행복해지기 위한 5계명

>>> 행복해지기 위해서는 여러분의 욕구가 충족(만족)되어야 합니다. 여러분이 행복해지기 위해서 어떤 것이 충족(만족)되면 좋을지 5가지를 적어 보세요.

예) 항상 웃자, 긍정적으로 생각하자, 운동을 하자 등

이름: ____________

🔍 보물찾기 TIP

행복해지기 위한 5계명을 적었나요? '행복해지려고 하는 마음의 소유자는 틀림없이 위대하다.' 라는 영국속담이 있습니다. 행복해지기 위한 5계명을 항상 생각하고 실천해 보세요. 여러분은 틀림없이 위대해질 것입니다.

내 삶에서 진로선택이란?

Ⅱ. 자기 이해

01 자기 이해의 첫걸음

같은 일을 보면서도 생각하기에 따라
불행해질 수도 있고 행복해질 수도 있다.
같은 일을 하면서도 생각하기에 따라
즐거울 수도 있고 괴로울 수도 있다.
공부도, 심부름도, 청소도 즐겁게 하느냐
짜증내며 하느냐에 따라 다르다.
긍정적으로 생각하는 습관을 가지면
자신의 미래를 밝게 할 수 있다.

– 김숙희 –

　어느 학교에 새로 창단된 야구부가 있었습니다. 그해에 열린 모든 야구대회에서 아주 저조한 성적으로 꼴찌를 도맡아 해 학생들은 사기가 떨어지고 야구를 그만두려는 학생마저 생겨났습니다. 하루는 감독이 학생들을 모두 운동장에 불러 모아 놓고, 귀퉁이에 까만 점 하나를 찍은 흰 수건을 펼쳐 보이면서 무엇이 보이는지 물었습니다. 학생들은 까만 점이 보인다고 대답했습니다. 감독이 말했습니다. "자세히 보십시오! 다른 것은 보이지 않습니까?" 학생들은 여전히 "까만 점밖에 보이지 않는다."라고 말했습니다. 그러자 감독이 다시 말했습니다. "여러분! 까만 점은 이 구석 하나밖에 없는데 왜 이 넓은 흰 바탕은 못 보는 겁니까? 우리가 하지 못할 일은 없습니다. 우리에겐 단점보다 가능성과 장점이 더 많습니다. 다시 한 번 도전해 보시기 바랍니다!"

　여러분은 스스로에게 얼마나 후한 점수를 주고 있나요? 혹시 노래를 잘한다는 장점이 공부를 못한다는 점에 가려 빛을 보지 못하는 건 아닌지 한번 생각해 보시기 바랍니다. 나를 이해하는 것의 첫걸음은 긍정적인 마음가짐입니다. 지금부터 긍정의 힘으로 나를 이해하는 시간을 가져 보도록 합시다.

# 내가 생각하기에 나는?

>>> 다음은 여러분 자신에 대한 질문입니다. 다른 사람을 의식하지 말고, 자신에 대해 생각하는 대로 표시해 보세요.

NO	내가 생각하기에 나는?	예	아니오
1	나는 지금의 자신보다 다른 사람이 되고 싶어 한다.		
2	나는 다른 사람들 앞에서 말하기를 매우 어려워한다.		
3	만일 할 수 있다면 나 자신을 변화시키고 싶은 것이 많다.		
4	나는 새로운 것에 익숙해지려면 꽤 오랜 시간이 걸린다.		
5	나는 때때로 나 자신이 싫어지는 경우가 있다.		
6	나는 요즘 여러 가지로 머리가 복잡하고 어수선하다.		
7	나는 자신을 그다지 신용하고 있지 않다.		
8	나는 사귀어 보면 매우 재미있는 사람이라고 생각한다.		
9	나는 주위에서 인기가 있는 사람이다.		
10	나는 나의 외모에 만족한다.		
11	나는 말하고 싶은 것이 있으면 말해 버린다.		
12	다른 사람에 비해 많은 사람이 나를 좋아하는 것 같다.		
13	나는 의지가 강한 사람이라고 생각한다.		
14	나는 힘든 일도 잘 참고 해낸다.		

〈채점방법〉

>>> 1~7번은 '아니오'에 답한 수, 8~14번은 '예'에 답한 수의 합계가 점수입니다. 1문항당 1점으로 총점이 11점 이상이면 긍정적 개념(자신에 대해 좋게 생각하는 정도)이 높은 사람입니다.

보물찾기 TIP

이 활동을 통해 여러분이 자기 자신을 어떻게 생각하는지 알아볼 수 있습니다. 특히 자신에 대해 얼마나 긍정적으로 생각하는지 알아볼 수 있습니다.

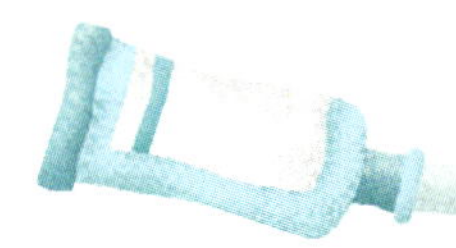

[보물지도] 플러스 발상의 힘!

무슨 일이든지
플러스 발상을 하는 습관을 가진 사람은
병에 잘 걸리지 않는다고 합니다.

플러스 발상이
면역성을 강하게 만들어
병을 막아 주기 때문입니다.

그러나
무슨 일이든지
마이너스 발상을 하는 습관을 가진 사람은
쉽게 병에 걸린다고 합니다.

똑같은 상황에서도
늘 생기 있고 건강한 사람이 있는가 하면,
늘 기운이 없고 아픈 사람이 있습니다.

'마음가짐' 이
이 같은 차이를 만든다고 합니다.

여러분은 현재 플러스 발상을 하고 있나요?
아니면, 마이너스 발상을 하고 있나요?

 나의 흥미

> 좋아하는 일을 직업으로 삼아라.
> 그럼 평생 동안 억지로 일할 필요가 없다.
>
> -중국 속담-

　주위를 둘러보면 좋아하는 일을 하며 사는 사람이 의외로 많지 않습니다. 그냥 직업이니까, 해야 하는 일이니까, 월급만큼 일하고 일한 만큼 받는 사람이 대부분이죠. 직업은 단순히 생계유지를 위해 돈을 버는 수단이지 그 외의 의미를 줄 수 있는 무엇이 아니라고 생각하기 때문에 열정은 찾아볼 수 없습니다.

　세계적인 발레리나 강수진은 연습벌레로 매우 유명합니다. 그러나 그녀는 자신의 성공이 단지 연습의 결과라고 생각하지 않는다고 합니다. 그녀 자신이 꼽고 있는 제1의 성공 요인은 단순하지만 강력한 이 한마디에 들어 있죠. "나는 춤추는 것을 좋아한다." 한 시즌에 토슈즈 150켤레를 닳아 없애고, 공연 전 연습할 때 하루에 19시간을 춤출 수 있는 것도 어쩌면 춤추는 것을 좋아하지 않았다면 불가능한 일이었겠죠. 단순히 성공을 위한 연습이고, 그 연습이 땀과 노력만으로 되는 것이라면 그 일은 힘들고 고달픈 일이 될 테니까요. 그러나 강수진은 자기가 좋아서 하는 일이기 때문에 그 모든 것이 가능했던 것입니다.

　먹고사는 일이 급한데 어떻게 좋아하는 일만 하고 사느냐고 반문하는 사람도 있겠지만 유감스럽게도 대부분의 사람은 자신이 좋아하는 일이 무엇인지 잘 알지 못하기 때문에 그 일을 할 수 없는 것입니다. 그러므로 좋아하는 일을 하려면, 우선 첫 번째 과제가 자신이 좋아하는 것이 무엇인지 알아내는 것입니다. 성공하고 싶다면 열정을 바칠 수 있는 진짜 좋아하는 일을 찾는 것이 무엇보다 중요하겠죠.

 # 흥미탐색 체크리스트

>>> 다음 질문은 진로유형을 알아보는 것입니다.

각각의 분야에 대해서 어느 정도 좋아하고 관심 있는지 해당되는 칸에 표시하세요.

① 전혀 그렇지 않다 ② 별로 그렇지 않다 ③ 보통이다 ④ 대체로 그렇다 ⑤ 매우 그렇다

R유형

좋아한다					분야
①	②	③	④	⑤	자동차와 관련된 것
①	②	③	④	⑤	운동 등 몸을 움직이는 것
①	②	③	④	⑤	동물을 돌보는 것
①	②	③	④	⑤	모델을 조립하거나 만드는 것
①	②	③	④	⑤	컴퓨터나 기계를 다루는 것
①	②	③	④	⑤	실외에서 일하는 것
					점수 합계

I유형

좋아한다					분야
①	②	③	④	⑤	퍼즐 맞추는 것
①	②	③	④	⑤	실험하는 것
①	②	③	④	⑤	과학과 관련된 연구를 하는 것
①	②	③	④	⑤	수학문제를 푸는 것
①	②	③	④	⑤	관찰, 발견하는 것
①	②	③	④	⑤	문제, 상황, 경향 등을 분석하는 것
					점수 합계

A유형

좋아한다					분야
①	②	③	④	⑤	독립적으로 일하는 것
①	②	③	④	⑤	예술 또는 음악에 대한 책을 읽는 것
①	②	③	④	⑤	창조적으로 일하는 것
①	②	③	④	⑤	그림 그리는 것
①	②	③	④	⑤	악기를 연주하거나 노래하는 것
①	②	③	④	⑤	글 창작하는 것
					점수 합계

S유형

좋아한다					분야
①	②	③	④	⑤	사람들을 가르치거나 교육하는 것
①	②	③	④	⑤	다른 사람의 문제해결을 돕는 것
①	②	③	④	⑤	팀을 만들어 함께 일하는 것
①	②	③	④	⑤	사람들을 편안하고 즐겁게 하는 것
①	②	③	④	⑤	사람들을 돕는 것
①	②	③	④	⑤	사람들을 위로하는 것
					점수 합계

E유형

좋아한다					분야
①	②	③	④	⑤	자신의 목표를 세우는 것
①	②	③	④	⑤	사람들을 설득하거나 사람들에게 영향을 주는 것
①	②	③	④	⑤	물건을 파는 것
①	②	③	④	⑤	새로운 책임을 맡는 것
①	②	③	④	⑤	연설하는 것
①	②	③	④	⑤	지도자가 되는 것
					점수 합계

C유형

좋아한다					분야
①	②	③	④	⑤	파일을 작성하거나 타이핑하는 것
①	②	③	④	⑤	서류, 사무실 등을 정리하는 것
①	②	③	④	⑤	하루 생활을 짜임새 있게 계획하는 것
①	②	③	④	⑤	명확한 지시사항이 있는 일을 하는 것
①	②	③	④	⑤	숫자나 차트를 이용하는 것
①	②	③	④	⑤	사무실 안에서 일하는 것
					점수 합계

>>> 가장 높은 점수가 나온 유형은 무엇입니까?

	1순위	2순위	3순위
좋아한다			

보물찾기 TIP

여러 가지 직업흥미에 관한 심리검사는 여러분들이 진로를 결정하고 직업세계를 탐색하는 과정에서 도움을 줄 수 있도록 개인의 흥미에 대한 과학적인 분석과 다양한 직업세계에 대한 폭넓은 정보를 제공합니다. 꼭 기억할 것은 이러한 검사들이 여러분의 능력이나 재능을 측정하는 것은 아니며, 다양한 직업세계에서 여러분의 흥미가 어떻게 나타나는지를 측정한다는 것입니다. 따라서 검사결과를 직업선택의 결정적인 단서로 사용하는 것보다는 다양한 직업정보자료, 학업성적, 다른 검사들(적성검사 등)의 결과, 상담원의 전문적인 조언 등을 함께 고려하여 직업탐색을 위한 출발점으로 활용하는 것이 바람직합니다.

흥미유형 찾아보기

>>> 앞선 검사의 결과를 토대로 육각모형을 그려 봅시다. 각 유형별로 '좋아한다'에 체크한 것의
합산점수를 점으로 찍고 6개의 점을 연결합니다.

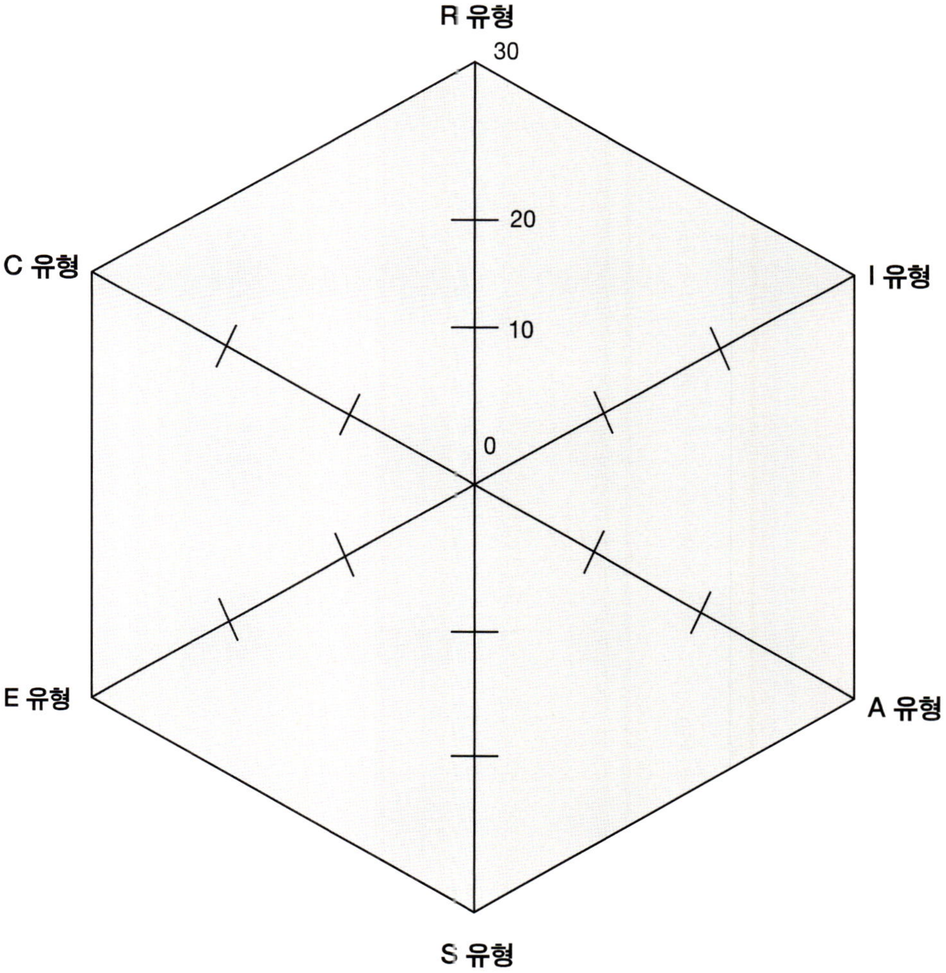

흥미유형별 특성

》》 근접한 흥미유형은 상호 연관되는 흥미이며, 근접한 흥미유형이 나왔을 경우 일관성이 있다고 얘기할 수 있으며 특별히 흥미점수가 두드러질 경우 변별력이 있다고 얘기합니다.

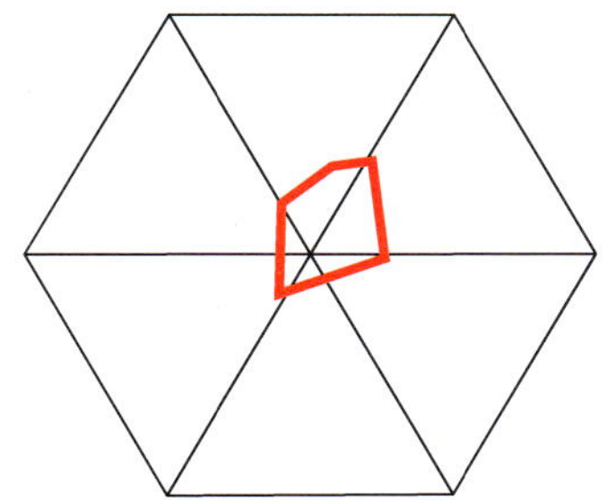

》》 <u>육각형이 작고 한쪽으로 찌그러진 모양의 경우</u> : 대체로 흥미발달이 잘 이루어지지 않은 경우로서 특정 분야에 관심이 있긴 하나 그 정도가 크지 않으므로 조금이라도 관심이 있는 분야에 대한 탐색을 시도해 보는 것이 바람직합니다.

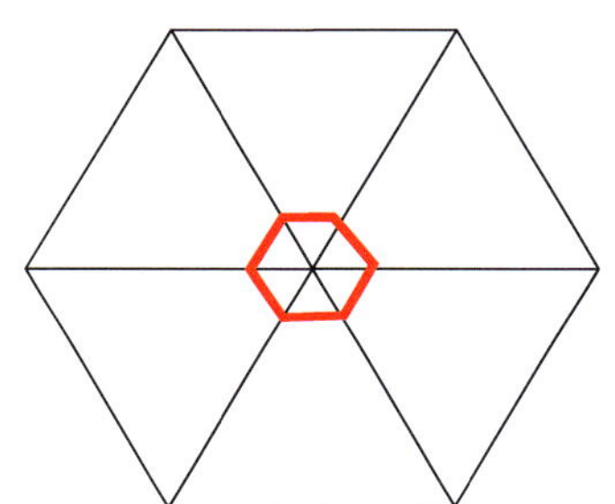

》》 <u>육각형이 작고 정육각형에 가까운 모양의 경우</u> : 아직 뚜렷한 관심분야가 없으므로 무엇을 잘할 수 있는지 무엇에 관심이 있는지 여러 가지 방법으로 탐색하는 것이 바람직합니다.

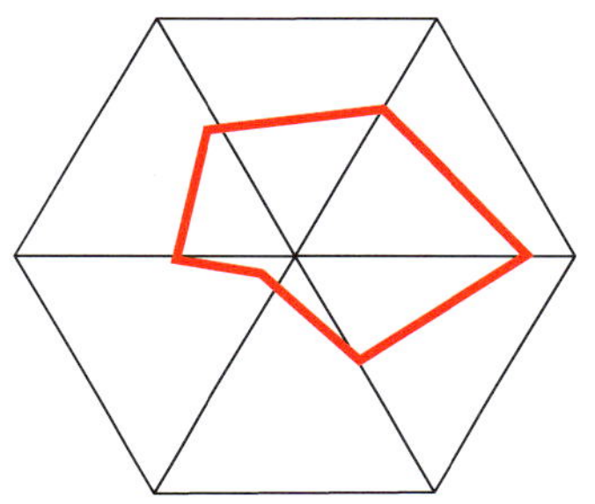

》》 <u>육각형이 크고 한쪽으로 찌그러진 모양의 경우</u> : 특정분야에 뚜렷한 관심을 보이는 경우로서 흥미가 잘 발달되어 있고 안정적인 흥미경향을 띠므로 성격, 능력, 경험 등도 관심분야와 조화로운지 살펴보는 것이 바람직합니다.

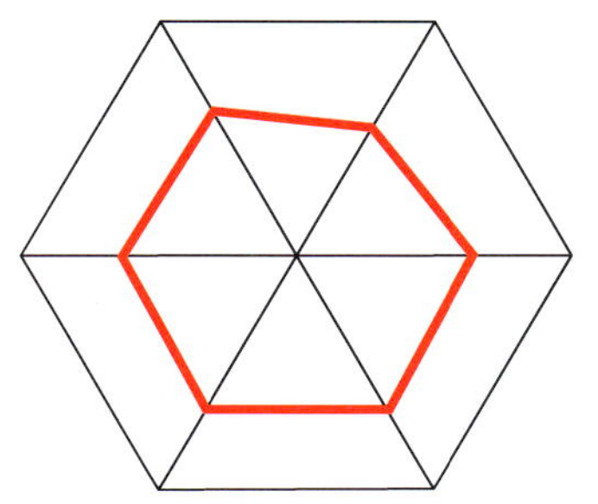

》》 <u>육각형이 크고 정육각형에 가까운 모양의 경우</u> : 관심분야가 폭넓은 경우로 거의 모든 분야에 호기심이 있으나 자신의 진정한 흥미분야가 무엇인지 잘 모르는 경우가 많으므로 능력, 성격, 경험 등을 함께 고려하여 흥미분야를 좁혀 보는 것이 바람직합니다.

흥미유형별 직업성격유형

>>> 6가지 흥미유형이 어떤 직업적 성격유형을 갖고 있는지 살펴봅시다.

흥미 코드	흥미유형	직업성격유형	직업
R	현실형	솔직하고 성실하고 검소하며, 신체적으로 건강하고 소박하여 말이 적고 기계적 적성이 높다.	경호요원, 경찰관, 자동차경정비원, 전자장비수리원, 귀금속세공원, 항공기 조종사, 기계설계기술자, 컴퓨터프로그래머, 컴퓨터조립원, 항공기 정비사, 조리사, 특용작물재배자, 프로운동선수, 소방관, 안경사, 주방장, 집배원, 기관사
I	탐구형	탐구심이 많고 논리적·분석적·합리적이며, 지적 호기심이 많고 수학적·과학적 적성이 높다.	대학교수(인문·경영학 교수), 환경공학자, 기술서적저자, 천문학자, 사설탐정가, 수의사, 웹사이트 개발가, 기술학원 강사, 기상연구원
A	예술형	상상력이 풍부하고 감수성이 강하며 자유분방하고 개방적이며 예술에 소질이 있고 창의적 적성이 높다.	만화가, 카피라이터, 의상디자이너, 시인, 배우, 소설가, 화가, 성악가, 만화영화대본작가(시나리오작가), 사진기자, 음악교사, 방송자료사서, 화환 디자이너, 프로게이머, 건축가, 시각디자이너, 메이크업아티스트
S	사회형	다른 사람에게 친절하고 이해심이 많으며 남을 도와주려 하고 봉사적이며, 인간관계가 원만하고 사람들을 좋아한다.	사회복지사업 종사자, 간호사, 상담가, 초등·중등학교 교사, 물리치료사, 음악치료사, 성직자, 학원 강사, 고객상담원, 응급구조사, 헤어 디자이너, 작업치료사, 건강컨설턴트, 스튜어디스, 직업상담사
E	진취형	지도력과 설득력이 있으며 열성적이고 경쟁적·야심적이며, 외향적이고 통솔력이 있으며, 언어 적성이 높다.	기업고위임원, 변호사, 아나운서, 상점판매원, 레스토랑 경영인, 호텔경리지배인, 호텔매니저, 여행안내원, 군장교, 식당지배인, 영화배급관리자
C	관습형	책임감이 있고 빈틈이 없으며, 조심성이 많고 변화를 좋아하지 않으며, 계획성이 있고, 사무 능력과 계산 능력이 높다.	사서, 우체국 사무원, 은행원, 비서, 공인회계사, 관세 사무원, 법무사, 특허 사무원, 홍보 사무원, 유가증권매매원(증권거래인), 보험 사무원, 선물포장원, 운동선수 매니저, 일반공무원, 출판편집 사무원

03 나의 적성

보통 사람은 시간을 소비하는 것에 마음을 쓰고,
재능 있는 인간이 마음을 쓰는 것은
시간을 이용하는 것이다.

－괴테－

사람은 누구나 나름대로 여러 가지 특성이 있습니다. 즉 저마다의 적성, 흥미, 성격, 신체조건 등이 서로 다릅니다. 이러한 여러 특성이 모여 '나'라는 사람이 형성됩니다. 자신에 대해 좀 더 알게 되면 좀 더 만족스러운 진로를 결정해 나갈 수 있답니다.

다음 이야기를 한번 볼까요?

스트라디바리우스라는 아주 유명한 바이올린 이야기입니다.

바람이 쌩쌩 부는 어느 겨울날 낡은 바이올린을 가진 한 걸인이 있었습니다. 그 걸인은 춥고 배가 고팠지만, 도와주는 사람이 한 사람도 없었습니다. 하루 종일 굶다가 배가 너무 고파 작은 악기점으로 들어가서 바이올린을 좀 사 달라고 하였습니다. 악기점 주인은 낡은 바이올린이 마음에 썩 들지는 않았지만, 걸인이 불쌍해 5달러를 주고 샀습니다. 걸인은 5달러를 받고 매우 기뻐하며 돌아갔습니다. 그 걸인이 나간 후 악기점 주인은 낡은 바이올린을 튕겨 보고 깜짝 놀랐습니다. 보기와는 다르게 아주 훌륭한 소리가 나는 것입니다. 그는 불을 밝게 밝히고 그 속을 들여다보고 또 한 번 깜짝 놀랐습니다. 그 속에는 '안토니오 스트라디바리우스 1704년' 이라는 글자가 적혀 있었습니다. 낡은 바이올린은 아주 유명한 스트라디바리우스였으며, 100여 년 동안 행방을 모르던 값비싼 악기였습니다. 그 바이올린은 그 후 10만 달러짜리 바이올린이 되었습니다. 걸인은 그렇게 값비싼 악기를 가지고 있었지만 그 가치를 몰랐던 것입니다. 그래서 가난하게 살 수밖에 없었던 겁니다.

여러분의 적성도 마찬가지입니다. 앞으로 훌륭한 보석이 될 적성을 발견하는 일이 무엇보다 중요합니다. 적성은 자신이 잘할 수 있는 일을 의미합니다. 여러분이 가진 보석은 무엇인가요? 위의 걸인처럼 보석을 놓치는 일은 없어야겠죠?

# 나의 강점과 약점은?

>>> 각 문항을 점검해 보면서 자신의 생각과 같으면 ○표를, 전혀 다르다고 생각하면 ×를 하세요.

NO	행동	체크
1	나는 책상에 1시간 이상 계속 앉아 공부한다.	
2	나는 여러모로 충분히 생각한 후 행동으로 옮긴다.	
3	나는 누구하고도 금방 친해질 수 있다.	
4	나는 싸운 후에는 오랫동안 그 친구와 말을 하지 않는다.	
5	나는 건강에 자신이 있다.	
6	나는 말을 할 때 더듬거리는 편이다.	
7	나는 다른 사람이 잘못을 지적해 주면 화가 난다.	
8	나는 잘 모르는 곳은 찾아가기가 싫다.	
9	나는 오락시간에 적극적으로 참여한다.	
10	나는 가끔 거만하다고 오해를 받는다.	
11	나는 남의 간섭이 싫다.	
12	나는 누구에게나 고분고분한 편이다.	
13	나는 준비물을 잘 챙긴다.	
14	나는 약속을 철저히 잘 지킨다.	
15	나는 글씨를 쓸 때 차분하고 침착하게 쓴다.	
16	나는 내 물건을 남에게 잘 빌려 주는 편이다.	
17	나는 불우 이웃돕기 활동을 적극 찬성한다.	
18	나는 돈을 잘 관리하고 계획성 있게 쓴다.	
19	나는 메모를 잘하는 편이다.	
20	나는 내 양심을 속이는 일은 하지 않는다.	

보물찾기 TIP

1. 여러분이 강점으로 체크한 항목은 어떤 항목인지, 약점으로 체크한 항목은 어떤 항목인지를 꼼꼼히 따져 보면 여러분의 강점을 찾을 수 있을 것입니다.
2. 약점을 극복하려는 노력을 하는 것도 좋은 방법이지만, 강점을 중심으로 진로를 탐색해 보는 것도 좋은 방법입니다.

 # 진로선택을 위한 자기 점검

>>> 여러분이 진로탐색을 함에 있어, 특정 직업에 대한 관심을 갖기 이전에 자신에 대한 점검을 해
볼 수 있는 활동입니다.

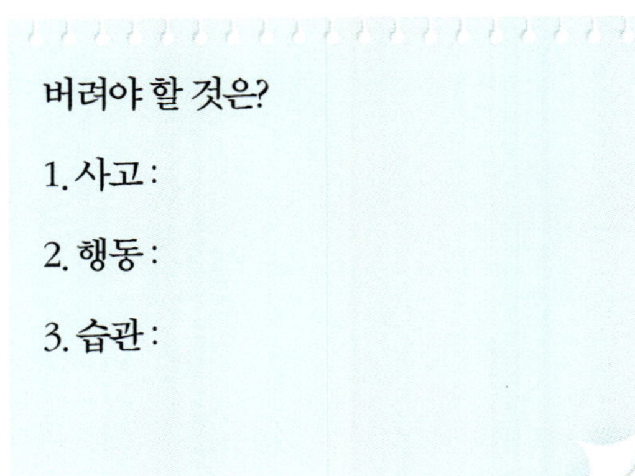

내가 잘하는 일은?

1.

2.

3.

버려야 할 것은?

1. 사고 :

2. 행동 :

3. 습관 :

나의 가장 큰 무기(강점)는?

1.

2.

나는 어떤 엄마, 아빠가 되고 싶은가?

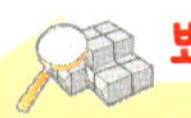 보물찾기 TIP

진로를 선택할 때 심리검사를 통해 자신을 알아보는 방법도 좋지만, 위와 같은 질문에 대해
구체적으로 생각해 보는 것도 자신을 잘 알아볼 수 있는 좋은 방법입니다. 이 활동을 통해
여러분의 강점이나 적성을 알아볼 수 있습니다.

04 나의 성격

사람은 천성과 직업이 맞을 때 행복하다.

－베이컨－

합리적인 직업선택을 위해서는 자기 자신과 직업세계에 대한 이해가 필요합니다. 개인과 직업에 대한 면밀한 분석은 자신의 특성과 일치하는 직업을 선택하도록 도와주는 역할을 합니다.

경영자들의 모임에서 어느 업체의 사장이 하소연을 했답니다. "요즘 직원들 때문에 무척 골치가 아파요." 다른 업체 사장이 "무슨 일입니까?"라고 물었습니다. 그러자 하소연한 사장은 "불만이 가득해 모든 일에 생트집을 잡는 사람, 쓸데없이 걱정만 많아 전전긍긍하는 사람, 늘 빈둥대며 바깥에 나갈 기회만 보는 사람, 이 세 사람 때문이라오."라고 말했습니다. 이야기를 들은 다른 업체의 사장은 그 세 사람을 자신의 회사에서 일하게 해 달라고 했습니다.

이튿날부터 새로운 직장에서 근무하게 된 그들은 전과는 다른 업무를 맡게 되었습니다. 트집을 잘 잡는 사람은 품질관리를, 사고가 나지 않을까 두려워하는 사람은 안전관리를, 바깥에 나가고 싶어 하는 사람은 제품 홍보를 하게 했습니다. 시간이 흐른 뒤 세 사람은 놀랍게도 뛰어난 실적을 보였습니다. 담당 업무와 자신의 개성이 서로 맞아떨어져 열심히 일할 수 있었던 까닭이죠.

위의 세 사람은 스스로 흥미와 적성에 맞는 일자리를 찾은 건 아니지만 자신의 개성에 맞는 일자리에 배치가 되어 능력발휘를 최대로 할 수 있게 되었습니다.

각자 타고난 성격에 따라 어떤 사람은 조용히 혼자 앉아서 집중하는 일을 더 좋아하는가 하면, 또 어떤 사람은 여러 사람과 접촉하고 이야기하는 것을 더 좋아하고 즐거워할 수도 있습니다. 이처럼 우리는 각자가 서로 다른 독특한 개성을 가지고 있으며 이는 나중에 우리가 어떤 곳에서 어떤 일을 하는 데 더 만족스럽고 행복하게 느끼는가 하는 것과 밀접한 연관이 있습니다. 따라서 자신의 성격을 정확히 파악하고 이에 부합되는 직업, 일을 선택하는 것도 미래 직업의 만족에 큰 영향을 주는 요인이라고 할 수 있습니다. 그럼 나는 어떤 성격유형을 가지고 있는지 한번 탐색해 볼까요?

나의 성격 분석 Ⅰ

》》 여러분의 성격을 표현하는 단어에 표시해 보세요.

다른 사람을 의식하지 말고 자신이 생각하는 그대로를 표시해 보세요.

성격 단어			
☐	활동적인	☐	예의 바른
☐	정확한	☐	유머 감각 있는
☐	융통성 있는	☐	독립심이 강한
☐	대담한, 모험심	☐	개성이 강한
☐	상냥한	☐	부지런한
☐	의욕적인	☐	논리적인
☐	기민한	☐	꼼꼼한
☐	예술적인	☐	절제 있는
☐	관대한	☐	겸손한
☐	조직적인	☐	꾸밈없는
☐	침착한	☐	낙천적인
☐	신중한, 주의 깊은	☐	사교적인
☐	자신 있는	☐	인내심 있는
☐	양심적인	☐	합리적인, 사리에 맞는
☐	성실한	☐	분별력 있는
☐	독창적인	☐	책임감 강한
☐	호기심 강한	☐	진지한
☐	민주적인	☐	붙임성 있는
☐	믿음직한	☐	자발적인
☐	느긋한	☐	안정된
☐	감수성이 강한	☐	동정심 있는
☐	공정한, 편견이 없는	☐	재치 있는
☐	결단력 있는	☐	강인한
☐	솔직한	☐	눈치 빠른

보물찾기 TIP

다음 장에 나오는 〈성격특성 해석의 예〉를 참고해도 좋습니다. 이 활동을 통해 여러분 성격의 특성을 구체적으로 탐색해 보시기 바랍니다. 성격은 직업생활을 함에 있어서 적응을 하는 데 매우 중요한 요소입니다.

나의 성격 분석 Ⅱ

>>> 아래의 〈성격특성해석의 예〉를 참고로 하여 긍정적인 측면과 부정적인 측면을 살펴보고, 부정
적인 측면을 극복할 수 있는 방법을 생각해 보세요.

NO	나의 성격특성	긍정적인 측면	부정적인 측면		
			단점	단점을 반대로 본다면?	단점 극복방안
예					
1					
2					
3					
4					
5					
6					
7					

성격특성 해석의 예

NO	긍정적인 측면(장점)	성격특성	부정적인 측면(단점)
1	적극적인, 의욕적인	공격적	나서기 좋아하는, 설치는
2	언변 좋은, 활동적인	말이 많은	수다스럽고 잔소리가 많은
3	소신 있는, 자립심이 강한	독립적	자기중심적인, 독불장군인
4	센스 있는, 영리한	재치 있는	약삭빠른, 간사한
5	합리적인, 논리적인	이성적	따지는, 냉정한

나의 가치관

성공의 25%는 '나는 원하는 것을 소유할 만한
가치가 있는 사람이다.' 라는
의미의 긍정적 자아 이미지를 갖는 것이고,
25%는 목표를 달성할 수 있다고 믿는
I CAN 정신이다.
또 다른 25%는 자신이 원하는 바를
구체적으로 정확히 아는 것이고,
나머지 25%는 생각을 실행에 옮기는 추진력이다.

-스튜어트 골드 스미스-

한 정신과 의사가 성공한 직업군인 열두 명을 뽑아 성공비결을 조사했습니다. 그들은 행복한 가정을 꾸리며 살고 있었고, 그들의 가족도 저마다 성공적으로 살고 있었습니다. 그들에게 "인생에서 가장 소중한 것 세 가지를 순서대로 적으세요."라고 하고 관찰하였습니다. 신기하게도 그들은 그 질문에 대해 40분 이상의 진지한 태도를 보였으며, 열두 명 모두가 인생에서 첫 번째로 소중한 것으로 '자기 자신'을 적었다고 합니다.

여러분의 인생에서 자신은 어느 정도 소중하다고 생각합니까? 여러분 자신을 소중하게 여기는 것은 기본이요, 소중한 여러분을 더욱 빛나게 가꾸어 줄 직업은 무엇인지 궁금하지 않습니까? 우리는 과거에 실패한 일 때문에 스스로를 자학하고 후회하곤 합니다. 하지 못했던 것들에 대한 후회보다 앞으로 할 수 있는 것에 대한 고민이 필요합니다.

우리는 서로 다른 가치와 가치관을 가지고 있으므로 똑같은 일을 하더라도 어떤 사람에게는 가치가 없고 보람 없는 일로 느껴질 수도 있고, 반면 어떤 사람에게는 굉장히 가치 있고 보람되는 일로 느껴질 수도 있습니다. 이렇게 어떤 일에 보람과 긍지를 가지게 되는 것은 결국 자신이 어떤 가치관을 가지고 있느냐와 밀접한 관련이 있습니다. 따라서 사람들 개인이 가치를 어디에 두고 있으며 직업에 있어서도 직업의 어떤 측면을 중요시하는가 하는 것은 추후 직업선택이나 직업의 만족도에 있어서 매우 중요한 요인이 됩니다.

 # 가치관 문장 완성하기

>>> 다음은 여러분의 생각을 묻는 문장입니다. 여러분이 생각하는 대로 각 문장을 완성해 보세요. 되도록이면 구체적으로 작성해야 여러분이 중요하게 생각하는 가치에 대한 효율적인 탐색을 할 수 있습니다.

1. 내가 백만장자라면 ________________________________을(를) 할 것이다.

2. 내가 친구 OO을(를) 좋아하는 이유는 ________________________때문이다.

3. 내가 친구 OO을(를) 싫어하는 이유는 ________________________때문이다.

4. 내가 그 일을 좋아하는 이유는 ________________________________때문이다.

5. 내가 그 일을 싫어하는 이유는 ________________________________때문이다.

6. 내가 꼭 해 보고 싶은 일은 ________________________________이다.

7. 내가 정말 하고 싶지 않은 일은 ________________________________이다.

8. 내가 인생에서 가장 원하는 것은 ________________________________이다.

9. 여러 사람과 같이 있을 때 나는 ________________________________한다.

10. 혼자 있을 때 나는 ____한다.

 ### 보물찾기 TIP

이 활동을 통해 여러분이 살아가면서 중요하게 생각하는 것이 어떤 것인지를 탐색할 수 있습니다. 여러분이 기록한 내용과 직업을 연관 지어 생각해 보세요. 직업을 통해서 여러분이 중요하게 생각하는 것을 이룰 수 있다면 더욱 좋겠지요?

직업가치 목록표

>>> 다음의 직업가치 항목에 대해 여러분에게 중요한 정도에 따라 '매우 중요하다', '중요하다', '그저 그렇다' 의 칸에 ∨표를 하세요. 여기에 제시된 직업가치 항목은 모두 소중하며, 중요한 정도는 개인마다 다릅니다. 19번과 20번 항목에는 여러분이 생각하는 직업가치를 적어 보세요.

NO	직업가치 항목	나에게 중요한 정도		
		매우 중요하다	중요하다	그저 그렇다
1	다른 사람을 돕는다.			
2	여러 곳을 다니며 일을 한다.			
3	오랜 기간 계속 일할 수 있다.			
4	남에게 인정받는다.			
5	월급이 많다.			
6	독창적인 일이다.			
7	많은 사람을 거느린다.			
8	여가 시간이 많다.			
9	자율적으로 일을 한다.			
10	여러 사람을 만난다.			
11	자부심을 느낀다.			
12	장래성이 있다.			
13	능력에 따른 승진 기회가 많다.			
14	성취감을 느낄 수 있다.			
15	많은 사람이 존경한다.			
16	나의 능력을 개발한다.			
17	근무 시간이 적당하다.			
18	나라 발전에 기여한다.			
19				
20				

≫≫ 앞 장에서 '매우 중요하다' 또는 '중요하다'에 체크한 항목 중에서 자신에게 가장 소중하다고 생각되는 것부터 순서대로 3가지를 선택하여 기록하고 그것을 선택한 이유를 기록하여 봅시다.

순위	선택항목	선택하게 된 구체적인 이유 선택항목과 관련된 직업명
예	개인의 자유	다른 사람의 간섭을 받으면 짜증나니까 프리랜서 작가, 프로그래머 등
1		
2		
3		
4		
5		
6		
7		
8		
9		
10		

🔍 보물찾기 TIP

이 활동을 통해 여러분의 직업가치관을 확인할 수 있습니다. 여러분이 가장 소중하다고 기록한 3가지를 충족시켜 줄 수 있는 직업이 어떤 것이 있을까요?
깊이 생각해 보세요.

 # 내 인생에서 가장 소중한 것은?

>>> 여러분이 생각하는 가장 소중한 것을 배에 실려 있는 보따리에 적어보세요.

보물찾기 TIP

인생은 자신의 꿈을 사는 과정이라고 합니다. 여러분이 소중하게 생각하는 것을 지키고, 이루어 가려면 끊임없는 노력과 대가가 필요합니다. 세상에 공짜는 없으며, 하늘은 스스로 돕는 자를 돕기 때문입니다.
꿈을 계속 간직하십시오. 그러면 꿈은 반드시 이루어집니다.

나의 현실 여건

내가 걷는 길은 미끄러웠다.
그래서 나는 자꾸만 미끄러져
길 밖으로 넘어지곤 했다.
하지만 나는 곧 기운을 차리고
내 자신에게 이렇게 말했다.
'길이 약간 미끄러울 뿐이지
결코 낭떠러지는 아니야.' 라고…….

－에이브러햄 링컨－

진로선택에 있어서 또 하나 중요하게 고려할 부분이 신체적 특성과 가정환경입니다. 우리가 다 알고 있는 바르셀로나 올림픽의 영웅 '황영조'는 타고난 초인적 신체조건을 가졌다고 합니다. 다른 사람들보다 큰 심장과 많은 양의 산소를 섭취할 수 있는 신체조건을 바탕으로 한 훈련이 성공이었습니다.

또한 개인의 진로는 가정환경의 영향을 받기 때문에 진로선택할 때 가정환경을 고려하는 것도 중요합니다. 멋진 영화를 많이 만들었던 영화의 거장 '스티븐 스필버그'는 항상 그의 기를 꺾지 않고 뒤에서 전적으로 밀어 주고 지지해 주는 부모님이 안 계셨다면 훌륭한 영화감독이 되기는 힘들었을 것입니다. 따라서 진로를 선택하는 데 있어 우리가 가지고 있는 신체적 조건과 환경을 고려한다면 훨씬 성공할 확률이 높을 것입니다.

 # 나의 현실과 이상

>>> 여러분의 현재의 삶과 바뀌고 싶은 것을 생각해 봅시다.

나의 생활은?

현재 ＿＿＿＿＿＿＿＿＿＿＿＿＿＿

＿＿＿＿＿＿＿＿＿＿＿＿＿＿＿＿

＿＿＿＿＿＿＿＿＿＿＿＿＿ 합니다.

그런데……

＿＿＿＿＿＿＿＿＿＿＿＿＿＿＿＿

＿＿＿＿＿＿＿＿＿＿＿＿＿ 하게

바뀌고 싶습니다.

내게 놓인 어려움은?

현재 ＿＿＿＿＿＿＿＿＿＿＿＿＿＿

＿＿＿＿＿＿＿＿＿＿＿＿＿＿＿＿

＿＿＿＿＿＿＿＿＿＿＿＿＿ 합니다.

그런데……

＿＿＿＿＿＿＿＿＿＿＿＿＿＿＿＿

＿＿＿＿＿＿＿＿＿＿＿＿＿ 하게

바뀌고 싶습니다.

내가 잘하고 싶은 것은?

현재 ＿＿＿＿＿＿＿＿＿＿＿＿＿＿

＿＿＿＿＿＿＿＿＿＿＿＿＿＿＿＿

＿＿＿＿＿＿＿＿＿＿＿＿＿ 합니다.

그런데……

＿＿＿＿＿＿＿＿＿＿＿＿＿＿＿＿

＿＿＿＿＿＿＿＿＿＿＿＿＿ 하게

바뀌고 싶습니다.

내가 바라는 미래는?

현재 ＿＿＿＿＿＿＿＿＿＿＿＿＿＿

＿＿＿＿＿＿＿＿＿＿＿＿＿＿＿＿

＿＿＿＿＿＿＿＿＿＿＿＿＿ 합니다.

그런데……

＿＿＿＿＿＿＿＿＿＿＿＿＿＿＿＿

＿＿＿＿＿＿＿＿＿＿＿＿＿ 하게

바뀌고 싶습니다.

이름 : ＿＿＿＿＿＿＿＿

별명 : ＿＿＿＿＿＿＿＿

보물찾기 TIP

이 활동을 통해 여러분의 현실 모습과 미래 모습을 생각해 보고 그 차이를 구체적으로 분석해 볼 수 있습니다.

# 가스펠 가수 '레나 마리아'

>>> 레나 마리아는 1968년 스웨덴에서 두 팔이 없고, 한쪽 다리가 짧은 중증 장애인으로 태어났습니다. 그녀의 부모는 그녀를 장애인으로 대하지 않고 비장애인과 똑같이 양육했습니다. 오른발 하나로 수영, 십자수, 요리, 피아노, 운전 등을 훌륭하게 해내고 있습니다. 3살 때 수영을 시작하여 스웨덴 대표로 세계 장애인 수영선수권대회에서 4개의 금메달을 따기도 했습니다. 그녀는 어렸을 때부터 음악을 좋아해서 고등학교와 대학에서 음악을 전공하였습니다. 대학 졸업 후부터는 가스펠 가수로 활동을 시작했습니다.

세계 각국에서는 그녀의 다큐멘터리를 방영했고, 그녀의 콘서트가 열렸습니다. 프로 가스펠 가수인 그녀의 노래와 책은 대중적인 인기를 누리고 있습니다. 세계의 언론은 그녀의 목소리를 '천상의 목소리' 라고 극찬하였습니다. 특히, 그녀의 수기인 『발로 쓴 내 인생의 악보』는 우리나라를 비롯한 9개국 언어로 출판되어 베스트셀러가 되었습니다.

지금까지 그녀는 자신의 장애를 한 번도 '장애' 라고 생각한 적이 없으며, 그 장애가 자신을 더욱 자신 있게 했다고 합니다.

우리나라에서도 순회공연, 방송출연 등을 통해 장애를 딛고 성공한 직업인으로 아름답게 살아가는 그녀의 모습을 볼 수 있었습니다. 그녀가 가스펠 가수라는 직업을 선택하지 않고 다른 직업을 선택했다면 어땠을까요? 그녀의 열정과 낙천성은 어떤 직업을 선택했더라도 행복하게 살아갔으리라 생각되지만, 아마도 가스펠 가수라는 현명한 직업선택도 그녀의 행복한 삶에 일조했을 것이라고 생각됩니다.

 # 나의 현실 여건과 진로

1. 레나 마리아의 이야기를 읽고 난 후 소감을 적어 보세요.

2. 레나 마리아의 강점은 어떤 점이었을까요?

3. 레나 마리아의 직업선택에서 가장 힘들었던 부분은 어떤 점이었을까요?

4. 여러분의 직업선택을 어렵게 하는 걸림돌은 무엇입니까?

5. 여러분의 걸림돌을 극복하기 위한 방법은 무엇일까요?

보물찾기 TIP

이 활동을 통해 여러분의 신체조건이나 가정환경 등의 현실 여건을 체크해 볼 수 있습니다.
이처럼 현실 여건을 확인해 봄으로써 더욱 신중한 진로선택을 할 수 있습니다.

'코이' 라고 하는 물고기는 작은 어항에 넣어두면
5~8cm밖에 자라지 않지만 더 큰 어항이나 연못에
넣어 두면 15~25cm까지 자란다고 합니다.
그리고 강물에 방류하면 무려 90~120cm까지도
자란다고 합니다.

꿈도 코이와 같습니다. 더 큰 꿈을 꾸면 더 큰 꿈을
이룰 수 있으며, 꿈이 크면 클수록 장애물이나
어려움은 사소하게 여겨집니다.

성공하는 삶은 언제나 커다란 꿈과
함께 시작된답니다.

– 카네기 명언집 중에서 –

　　이제까지 우리는 진로를 선택하는 데 있어 좀 더 자신에게 맞는 현명한 선택을 하고자 자기에 대한 여러 측면을 살펴보는 시간을 가졌습니다. 그러나 이러한 요인 중 하나만 고려해서 진로결정을 하는 것은 충분하지 않습니다. 그리고 이 요인들이 모두 일관되게 한 가지 진로에 맞지 않는 경우도 있습니다. 즉 적성에는 맞는데 흥미가 없다든가 적성, 흥미는 있는데 가치관에 적합하지 않은 경우도 있을 것입니다. 따라서 이제까지 자신에 대해 이해한 내용을 모두 종합 정리해 보고 이를 고려하여 자신에게 맞는 희망직업을 알아보는 것이 필요할 것입니다.

 # 현실검증 Check List 1

>>> 내가 희망하는 직업이 현재 나의 상황에 비추어서 적합한 정도가 어느 정도인지를 체크해 보세요. 그 후 희망직업을 이루기 위해 어떤 노력을 해야 하는지를 적어 봅시다.

희망 직업 1 : ___________________

점검 목록	내가 선택한 직업은 ……이 필요하다	나에게 적합한 정도
흥미		적합하지 않음 ─ 보통 ─ 매우 적합함
적성(재능)		적합하지 않음 ─ 보통 ─ 매우 적합함
성격		적합하지 않음 ─ 보통 ─ 매우 적합함
가치관		적합하지 않음 ─ 보통 ─ 매우 적합함
성적		적합하지 않음 ─ 보통 ─ 매우 적합함
신체조건		적합하지 않음 ─ 보통 ─ 매우 적합함
가정형편		적합하지 않음 ─ 보통 ─ 매우 적합함
부모님과의 일치도		적합하지 않음 ─ 보통 ─ 매우 적합함

상기의 점검목록과 적합한 정도를 살펴본 후
모두를 고려할 때 적합하다고 생각되는 직업명칭을 적어 보세요.

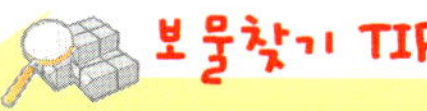 보물찾기 TIP

이 활동을 통해 여러분의 흥미, 적성, 성격, 가치관, 현실 여건 등을 적으면서 자신에 대한 종합적인 이해를 할 수 있습니다. 이와 같은 자신에 대한 종합적인 이해는 진로를 설계하는 데 가장 기본이 되는 사항입니다.

현실검증 Check List 2

>>> 내가 희망하는 직업이 현재 나의 상황에 비츠어서 적합한 정도가 어느 정도인지를 체크해
보세요. 그 후 희망직업을 이루기 위해 어떤 노력을 해야 하는지를 적어 봅시다.

희망 직업 2 : ________________

점검 목록	내가 선택한 직업은 ……이 필요하다	나에게 적합한 정도
흥미		적합하지 않음 ─ 보통 ─ 매우 적합함
적성(재능)		적합하지 않음 ─ 보통 ─ 매우 적합함
성격		적합하지 않음 ─ 보통 ─ 매우 적합함
가치관		적합하지 않음 ─ 보통 ─ 매우 적합함
성적		적합하지 않음 ─ 보통 ─ 매우 적합함
신체조건		적합하지 않음 ─ 보통 ─ 매우 적합함
가정형편		적합하지 않음 ─ 보통 ─ 매우 적합함
부모님과의 일치도		적합하지 않음 ─ 보통 ─ 매우 적합함

상기의 점검목록과 적합한 정도를 살펴본 후
모두를 고려할 때 적합하다고 생각되는 직업명칭을 적어 보세요.

직업심리검사 안내

1) 청소년워크넷(www.work.go.kr/youth)에서 인터넷을 통해 받을 수 있는 검사

☞ 관련기관 : 노동부, 한국고용정보원

NO	검사명	검사 소개
1	청소년 흥미검사	자신의 직업적 흥미를 발견하고 진로/직업 설계를 할 수 있도록 도와주는 검사입니다.
2	청소년 적성검사(고등학생용)	자신의 직업적 능력에 적합한 직업을 탐색하도록 도와주는 검사입니다.
3	청소년 적성검사(중학생용)	
4	직업가치관검사	자신이 중요하게 생각하는 직업가치를 실현하기 위해 적합한 직업을 안내해 주는 검사입니다.
5	청소년 진로발달검사	진로에 대한 생각과 태도를 알아보기 위한 검사입니다.
6	청소년 직업인성검사(S형)	자신의 성격특성을 알아보기 위한 검사입니다. (※ S형은 단축형, L형은 표준형입니다.)
7	청소년 직업인성검사(L형)	

2) 노동부워크넷(www.work.go.kr)에서 인터넷을 통해 받을 수 있는 검사

NO	검사명	검사 소개
1	성인용 직업적성검사	자신의 직업적 능력에 적합한 직업을 탐색하도록 도와주는 검사입니다.
2	직업선호도검사 S형	성인이 좋아하는 활동, 관심 있는 직업, 선호하는 분야를 탐색하여 직업흥미를 진지하게 탐색해 볼 수 있는 기회를 제공하고 수검자의 흥미유형에 적합한 직업을 제공해줍니다. (S형 : 25분 소요, L형 : 60분 소요)
3	직업선호도검사 L형	
4	구직효율성검사	실직하게 된 개인이 실직 후 심리사회적으로 적절하게 적응하고 있는지, 재취업의지와 재취업에 필요한 구직기술이 있는지를 평가하는 검사입니다.
5	창업진단검사	창업을 희망하는 사람들에게 사업가적 적성이 있는지를 진단하고 어떤 업종으로의 창업이 적합한지를 판정해 주는 검사입니다.
6	직업전환검사	직업을 전환하여 재취업하고자 하는 현직자나 구직자에게 전환 후 적응성공가능성이 가장 높은 직업군을 추천하여 주는 검사입니다.
7	구직요구진단검사	구직자의 구직욕구수준을 객관적으로 비교·평가함으로써 구직활동 증진에 도움을 주는 간편형 검사입니다.
8	직업가치관검사	자신이 중요하게 생각하는 직업가치를 실현하기 위해 적합한 직업을 안내해주는 검사입니다.
9	영업직무 기본역량검사	영업분야에 종사하고자 하는 사람에게 성공적으로 직무수행을 할 수 있을지에 관한 체계적인 정보를 제공해주는 검사입니다.
10	IT직무 기본역량검사	IT분야에 종사하고자 하는 사람에게 성공적으로 직무수행을 할 수 있을지에 관한 체계적인 정보를 제공해 주는 검사입니다.

3) 커리어넷(www.careernet.re.kr)에서 인터넷을 통해 받을 수 있는 검사

☞ 관련기관 : 교육과학기술부, 한국직업능력거발원

NO	검사명	검사 소개
1	직업적성검사	직업과 관련된 특정능력을 어느 정도 갖추고 있는지를 알아보는 검사입니다.
2	직업흥미검사	직업과 관련하여 어떤 흥미가 있는지를 알아보는 검사입니다.
3	직업가치관 검사	직업생활을 통해서 어떤 가치를 주요하게 만족시키고 싶은지를 알아보는 검사입니다.
4	직업성숙도 검사	진로를 계획하는 데 필요한 능력이나 태도를 얼마나 갖추고 있는지를 알아보는 검사입니다.

4) 심리검사를 실시하는 사이트 안내

NO	기관명	사이트	비고
1	한국고용정보원	www.work.go.kr	무료
2	한국직업능력개발원	www.careement.re.kr	무료
3	대한사립중고등학교장회	www.sahack.or.kr	유료
4	매경적성검사	www.hellojob.com	유료
5	(주)웅진출판부설 한국심리적성연구소	www.simritest.com www.mind−test.com	유료
6	SHL	www.shlkorea.com	유료
7	중앙교육사	www.cepc.co.kr	유료
8	중앙교육진흥연구소	www.eduaplus.com	유료
9	중앙적성연구소	www.cyber−test.co.kr	유료
10	PSI컨설팅	www.psiconsulting.co.kr	유료
11	한국가이던스	www.guidance.co.kr	유료
12	한국심리검사연구소	www.kpti.com	유료
13	한국심리적성센터	www.allg.co.kr	유료
14	한국적성연구소	www.juksungtest.co.kr	유료
15	한국행동과학연구소	www.kirbs.re.kr	유료
16	(주)학지사부설 학지심리검사연구소	www.hakjisa.co.kr www.k−pai.co.kr	유료

Ⅲ. 직업세계의 이해

일과 직업

1. 직업의 의미

> 어떤 직업, 어떤 자리에 있건
> 자신의 일을 사랑하지 않는다면,
> 결코 성공할 수 없다.
>
> －노만 빈센트 필－

지구에서 멀리 떨어진 크립톤 행성에는 젊고 유능한 과학자 조엘이 있었습니다. 조엘은 크립톤 행성이 폭발하게 될 것이라는 사실을 알게 되었습니다. 별의 의회 의원들을 설득하여 사람들을 팬텀 존으로 옮기자고 제안하였으나, 사람들은 별의 모든 것을 주관하고 있는 컴퓨터인간 브레이니악만을 믿었습니다. 행성은 멸망이 다가오고 있었지만, 컴퓨터인간 브레이니악은 달아나고, 조엘은 자신의 아들인 칼엘을 우주선에 태워 지구로 보내고, 결국 크립톤 행성은 폭발하여 모든 것이 사라집니다.

칼엘은 지구의 캔자스 주 스몰빌이라는 작은 마을에 불시착하게 됩니다. 마침 조나단 부부가 칼엘을 발견하고, 클라크라는 이름을 지어주고 키우게 됩니다. 고교생 때 클라크는 자신에게 신기한 능력이 있음을 알게 되고, 스몰빌을 떠나 메트로폴리스에 정착하게 됩니다. 클라크는 유명 신문사 「데일리 플래닛」의 기자로 일을 하게 됩니다.

한편, 사람들에게 위험한 일이 생기면 아무도 모르게 영웅 슈퍼맨으로 변신하여 사람들을 구하는 이중생활을 하게 됩니다.

위에서 슈퍼맨이 하는 일 중에 '신문기자'는 그의 '직업'이며, '사람들을 구하는 일'은 '봉사 차원의 일'이라고 합니다. 직업이란 "개인이 계속적으로 수행하는 경제 및 사회활동의 종류"입니다(한국직업사전). 다시 말해, 한 개인이 금전적 보상(보수)을 목적으로 계속적으로 수행하는 일입니다.

그렇다면, 학생이 '공부를 하거나 봉사활동을 하는 것'은 직업이라고 볼 수 있을까요? 아니요. 직업이라고 볼 수 없습니다. 이유는 금전적 보상을 목적으로 하는 일이 아니기 때문이지요.

 # 직업인가? 일인가?

>>> 다음 각 항목을 읽고, 직업인 것과 직업이 아닌 것을 구분해서 표시해 보세요.

NO	내용	일	직업
1	조기축구회에 가입하여 축구시합하기	○	
2	수영선수가 수영하기		○
3	노래 부르기		
4	가수가 노래 부르기		
5	선생님이 학생 공부 가르치기		
6	선생님이 딸 공부 가르치기		
7	부모님 심부름하기		
8	친구와 놀이동산에 가기		
9	집에서 키우는 강아지에게 약 발라 주기		
10	수의사가 동물 치료하기		

정답: 직업인 것 — 2, 4, 5, 10

〈직업으로 보지 않는 행위〉

- 학생
- 가사에 종사하는 전업주부
- 이자, 주식배당, 임대료 등의 재산수입
- 절도, 강도, 밀수 등 법률을 위반하는 행위

 보물찾기 TIP

이 활동을 통해 직업과 일의 차이점을 알 수 있습니다. 수입을 전제로 하는 지속적인 활동만을 직업이라고 합니다. 흔히 '학생'이나 '주부', '조폭' 등을 직업명이라고 생각하는 경우가 있는데 앞으로는 직업의 의미를 명확히 알 수 있겠죠?

[보물지도] 직업에 관한 여러 가지 오해

- 일단 이루어진 진로결정은 절대 바꾸어서는 안된다.

- 남자가 잘할 수 있는 일과 여자가 잘할 수 있는 일은 따로 정해져 있다.

- 대학 진학은 자신의 진로를 개척하는 가장 좋은 방법이다.

- 전문가는 개개인에게 가장 잘 맞는 진로가 무엇인지 알고 있다.

- 개개인에게 완벽하게 잘 맞는 직업이 한 가지씩 있다.

- 시간이 가면 가장 잘 맞는 직업이 무엇인지는 저절로 알게 된다.

- 힘들게 노력할수록 진로결정은 더 빨리 된다.

- 일은 일생에서 가장 중요한 것이다.

- 진로계획은 무엇이든 잘 맞아 떨어져야 하는, 정확한 과학과 같은 것이다.

- 누구든지 자신이 원하는 일에서 성공할 수 있다.

- 행복은 직업적 성공과 일치한다.

- 한 사람의 가치는 그 사람이 선택한 직업에 의해 평가된다.

- 흥미와 적성은 일치한다.

2. 직업의 역할

> 삶이란 우리의 인생 앞에
> 어떤 일이 생기느냐에 따라
> 결정되는 것이 아니라
> 우리가 어떤 태도를 취하느냐에 따라
> 결정되는 것이다.
>
> -존 호머 밀스-

우리 사회는 각양각색의 사람이 각기 다양한 직업을 가지고 살아갑니다. 사람들이 수많은 직업을 통해 제 역할을 잘 수행해야만 사회가 안정되고 효율적으로 유지될 것입니다. 그렇다면, 우리 삶 속에서 직업은 구체적으로 어떤 역할을 하게 되는 걸까요?

우리는 직업을 통해 생계유지, 사회적 역할 수행, 꿈의 성취, 자아실현 등을 이룰 수 있습니다.

한 농부가 자신의 정원에 앉아 있다가 자신의 집 근처 갓길에 트럭 한 대가 멈추는 것을 보았습니다. 트럭에서는 한 사람이 나와서 커다란 구덩이를 파 놓고 차 안으로 들어

갔습니다. 얼마 후 다른 사람이 나와서 그 구덩이를 흙으로 메우고 다져 놓고 차 안으로 들어갔습니다. 그리고 트럭을 몰고 조금 더 가다가 멈췄습니다. 두 사람은 대여섯 번 이상을 연속해서 커다란 구덩이를 파고, 메우는 작업을 반복했습니다. 농부는 계속해서 지켜보다가 그들에게 다가가 물었습니다. "지금 무엇을 하고 있나요?" 그들은 도로환경 미화작업을 하는 사람들이었습니다. 원래 세 사람이 한 팀이 되어 한 사람은 구덩이를 파고, 또 한 사람은 나무를 심고, 또 다른 한 사람은 구덩이를 흙으로 메우는 일을 한다고 하였습니다. 그런데 오늘은 나무를 심는 사람이 아파서 나오지 못해 그 사람이 하던 부분 을 빼고 두 사람이 평소에 자신들이 하던 일을 열심히 하고 있다고 대답했다고 합니다. 환경미화작업을 하던 두 사람은 자신의 역할에는 충실했지만, 그들의 목적을 달성하지 못하고 오히려 낭비만 한 셈입니다.

위의 이야기에 나오는 두 사람은 직업의 사회적 역할 측면을 중요하게 생각하지 않았 던 것 같습니다. 직업은 단순히 돈을 벌기 위한 수단만은 아니며, 사회적 역할 수행과 여러분의 꿈을 이룰 수 있는 수단이 될 수 있습니다.

 # 직업인과의 인터뷰

조사 일자   년   월   일

성명		직업	
직장		직위	
하시는 일			
하시는 일의 특성			
하시는 일과 관련된 직업			
필요한 자격요건			
보람되는 점			
어려운 점			
앞으로의 전망			
기타			

보물찾기 TIP

평소에 관심이 있었던 직업인과의 인터뷰를 통해 보다 구체적이고 현실적인 정보를 얻을 수
있습니다. 또 여러분이 관심을 가지고 있는 직업을 선택하기 위해서 현재 어떤 노력을 해야
할 것인지도 생각해 보세요.

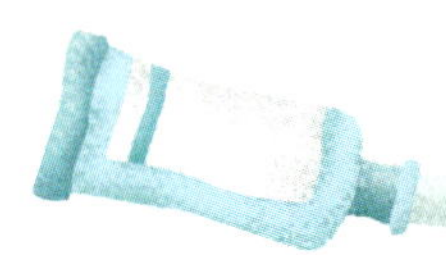

[보물지도] 대학생이 꼽은 롤모델

순위	롤모델
1	한비야(전 월드비전 국제구호팀장)
2	이순신(장군), 안철수(안철수연구소 이사회 의장)
3	느무현(전 대통령)
4	아버지
5	반기문(UN 사무총장)

[보물지도] 대학생이 꼽은 존경할 만한 직업

순위	존경할 만한 직업
1	CEO
2	소방관과 구급대원
3	환경미화원
4	사회사업가
5	사회복지사

직업의 세계

1. 직업의 탄생

> 구두닦이라도 사람이 거리에서
> 구두를 닦고 싶어야 그 직업이 생기는 것입니다.
> 누구라도 자신이 하는 일은 모두 그 사회가
> 하게 만들어 준 것임을 깨달아야 합니다.
> 또한, 그것을 깨달아야 일의 의의도 알 수 있습니다.
>
> -마쓰시다 고노시케-

세상에는 다양한 사람이 존재하며, 그들이 가지고 있는 직업의 수도 무궁무진합니다. 과거에는 있었던 직업이 현재는 존재하지 않으며, 현재 존재하는 직업이 미래에 사라질지도 모릅니다. 또한, 미래에는 영화에서나 나올 법한 일이 새로운 직업으로 생겨나기도 할 것입니다. 다시 말하면, 직업은 하루아침에 하늘에서 '뚝딱' 하고 떨어진 게 아니라, 사람들의 필요에 의해서 생기기도 하고, 없어지기도 하는 것입니다.

요즘 많은 사람들이 관심 있어 하는 직업 중에 '네일아티스트'가 있습니다. '네일아티스트'는 어떻게 생겨난 걸까요? 태희는 자신의 손톱을 예쁘게 정리하고, 매니큐어를 예쁘게 바르고 다녔습니다. 주위에서 태희에게 자신들도 해 달라고 부탁하기 시작했습니다. 처음엔 흔쾌히 해 주었지만, 부탁하는 사람들이 많아지자, 귀찮아졌습니다. 그래서 돈을 조금 받고 해 주기로 했습니다. 돈을 받고 해 주는데도 많은 사람들이 해 달라고 했습니다. 이제는 그 기술을 배우고 싶다는 사람도 생겼습니다. 많은 사람들의 손톱을 예쁘게 손질하다 보니 그 기술이 계속해서 발전했으며, 더욱 아름답게 하는 방법을 터득해 갔습니다. 즉 네일아트를 시작하게 된 것입니다. 사람들이 태희에게 그 기술을 가르쳐 달라고 했습니다. 태희는 네일을 가르치는 강사가 되었습니다. '네일아티스트!' …… 그 분야에서는 최초이자, 최고의 직업인이 된 것입니다.

 # 누구에게 부탁할까요?

>>> 태희는 다음과 같은 고민이 있습니다. 그 고민을 해결해 줄 수 있는 직업인을 찾고 있습니다. 어떤 직업인을 찾아가야 태희의 고민에 대한 도움을 받을 수 있을까요? 되도록 많은 직업을 생각해 보고 적어 보세요.

1. 태희는 요즘 살이 찌는 것이 고민입니다.

⇒ 다이어트 프로그래머, 비만관리사, 영양사,

2. 태희는 세상에서 하나뿐인 드레스를 입고 싶습니다.

⇒ 의상디자이너,

3. 태희는 쇼핑몰을 창업하려고 하는데, 멋진 홈페이지를 만들고 싶습니다.

⇒ 컴퓨터 프로그래머,

4. 태희는 요즘 갑자기 우울해지고, 아무것도 하고 싶지 않습니다.

⇒ 정신과 의사,

5. 태희는 집을 멋지게 꾸미고 싶습니다.

⇒ 인테리어 디자이너,

6. 태희는 여름방학에 외국으로 한 달 정도 여행을 떠나려 합니다.

  ⇒

7. 가수인 태희는 여기저기서 출연해 달라는 전화가 옵니다.

  ⇒

8. 태희가 다니는 회사는 회사설립 10주년을 기념해서 홍보를 계획하고 있습니다.

  ⇒

9. 태희는 요즘 버는 돈보다 쓰는 돈이 더 많아진 것 같아서 걱정입니다.

⇒

10. 태희는 앞으로 어떤 일이나 직업을 가지고 살아야 할지 고민입니다.

⇒

🔍 보물찾기 TIP

직업은 사람들이 필요로 하게 되면 성장하게 되고, 사람들이 필요로 하지 않게 되면 소멸하게 됩니다. 태희의 고민을 도와줄 수 있는 직업을 생각해 보면서 각 직업이 생기게 된 배경에 대해 관심을 갖고 상상해 봅시다. 여러분의 고민을 해결해 줄 수 있는 직업이 없다면, 여러분이 그 직업의 '최초의 직업인'이자 '최고의 직업인'이 될 수도 있습니다.

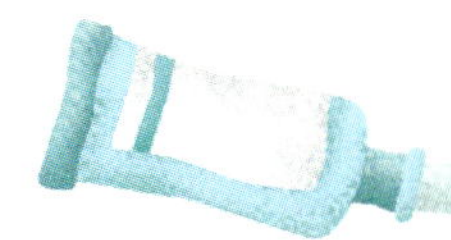

[보물지도] 신생직업과 이색직업 (2009)

1. 경영·금융 및 기획관련직
   - 맞춤형 날씨 정보의 비밀 / 기상컨설턴트
   - 인간과 컴퓨터의 친밀한 만남 / HCI 컨설턴트
   - 유망한 투자는 내 손에! / 펀드애널리스트
   - 고객과 기업 사이를 문화로 이어 준다. / 문화마케터
   - 인터넷 검색에 관한 모든 것 / 검색기획전문가
   - 검색정보와 광고의 완벽한 궁합 / 키워드에디터
   - 21세기 인재상을 발견하는 눈 / 입학사정관

2. 방송, 영화 및 이벤트
   - 2시간짜리 영화를 2분짜리 광고로 / 영화예고편제작자
   - 영화 만드는 과정을 영화로 만든다. / 메이킹필름제작자
   - 영화 속 실감나는 음향효과의 비밀 / 폴리아티스트
   - 살아 움직이는 인형들의 명연기 / 퍼핏애니메이터
   - 비눗방울로 마술 같은 공연을 / 버블리스트
   - 밤하늘을 무대 삼은 불꽃쇼의 비밀 / 불꽃연출사

3. 문화 및 예술
  - 전통을 표현하고 장식하는 풍속예술가 / 포크아티스트
  - 천년이 지나도 변함없는 책의 비밀 / 예술제본가
  - 설탕으로 예술을 창조한다. / 슈가크래프터
  - 때론 곡예사처럼, 때론 예술가처럼 / 비보이(비걸)
  - 도시의 자유로운 예술가 그래피티 / 아티스트
  - 연극과 놀이도 교육이다. / 연극놀이강사

4. 웰빙 및 서비스
  - 웃음으로 건강을 되찾아 준다. / 웃음치료사
  - 말을 매개로 치료를 도와요. / 재활승마치료사
  - 물속에서 건강을 찾는 비결 / 수중재활운동사
  - 가족 같은 애완동물의 엄숙한 장례식 / 애완동물장의사
  - 맞춤형 패션쇼핑 도우미 / 퍼스널쇼퍼
  - 매장의 음악선곡 DJ 매장 / 배경음악 전문가
  - 바다 속 유망산업을 캐낸다. / 산업잠수사

5. 스포츠
  - 스포츠는 통계로 완성된다. / 스포츠 기록분석연구원
  - 스포츠 경기의 과학적 분석 / 비디오분석관
  - 바람처럼 달리는 스포츠카의 안전비밀 / 레이싱 미캐닉
  - 차 안에서 듣는 멋진 음악소리의 비밀 / 카오디오 인스톨러

2. 직업의 종류

> 꿈을 꾸자.
> 꿈은 희망을 버리지 않는 사람에겐
> 선물로 주어진다.
>
> -아리스토텔레스-

세상에는 직업이 몇 가지나 있을까요? 우리나라에는 몇 가지의 직업이 있을까요? 무수히 많은 직업을 다 셀 수는 없을 것입니다. 그러나 우리말에 대한 정보를 체계적으로 정리한 국어사전처럼 직업에 대한 정보를 체계적으로 정리한 직업사전이 있답니다. 한국직업사전을 통해 우리나라에 있는 직업의 변화와 특성을 자세히 알아볼 수 있습니다. 직업의 세계는 수시로 변화하고 있기 때문에 가장 최근에 조사된 신뢰할 만한 정보를 활용하여야 합니다.

현재 한국직업사전에는 1만 2,000개 이상의 직업이 수록되어 있다고 합니다. 실제로는 그보다 많겠지요? 대략 1만 5,000개 정도로 추정된다고 합니다. 이렇게 많은 직업들 중에서 여러분은 어떤 직업에 관심이 있나요? 진로를 결정할 때 자신의 흥미나 적성, 성격, 가치관 등 자신에 대한 충분한 이해를 하였다고 해도 직업에 대한 이해가 부족하다면 적절한 진로선택을 할 수가 없을 것입니다. 진로결정에 있어서 최신의 직업정보를 얼마나 알고 있느냐에 따라 선택의 폭과 질을 결정할 수 있을 것입니다. 급변하는 사회와 수많은 정보 가운데, 자신과 적합한 직업은 무엇이고, 그 직업이 어떤 특성을 가지고 있는지 그리고 직업과 자신이 어느 정도 일치하는지를 잘 알고 있어야 치열한 경쟁 속에서 살아남을 수 있습니다.

여러분이 신뢰할 수 있는 직업정보를 많이 알고 있다면, 준비된 출발을 할 수 있으며, 준비된 출발을 통해서 여러분의 꿈과 목표를 이룰 수 있습니다. 여러분의 희망직업과 부모님이 권하시는 직업이 달랐을 때, 직업사전이나 직업전망 등 직업정보를 통해 요모조모 따져 본다면 보다 현실적이고 현명한 진로설계를 할 수 있을 것입니다.

 옷과 직업

>>> 옷과 연관된 직업 명칭을 떠오르는 대로 적어 보세요. 정답은 없지만, 되도록 다양한 직업 명칭을 적어 보세요. 직업 명칭이 더 이상 떠오르지 않는다면, 직업사전이나 직업전망 등 직업 정보 관련 책이나 직업정보사이트를 활용하여 적어 보세요. 다음에 나오는 '피자가게에서 찾은 직업' 사진을 참고로 적어 보세요.

〈예〉 피자가게에서 찾은 직업

보물찾기 TIP

이 활동을 통해 우리 생활에 각 직업이 연관되어 있음을 알 수 있으며, 생각했던 것보다 직업이 다양하다는 것을 알 수 있습니다.

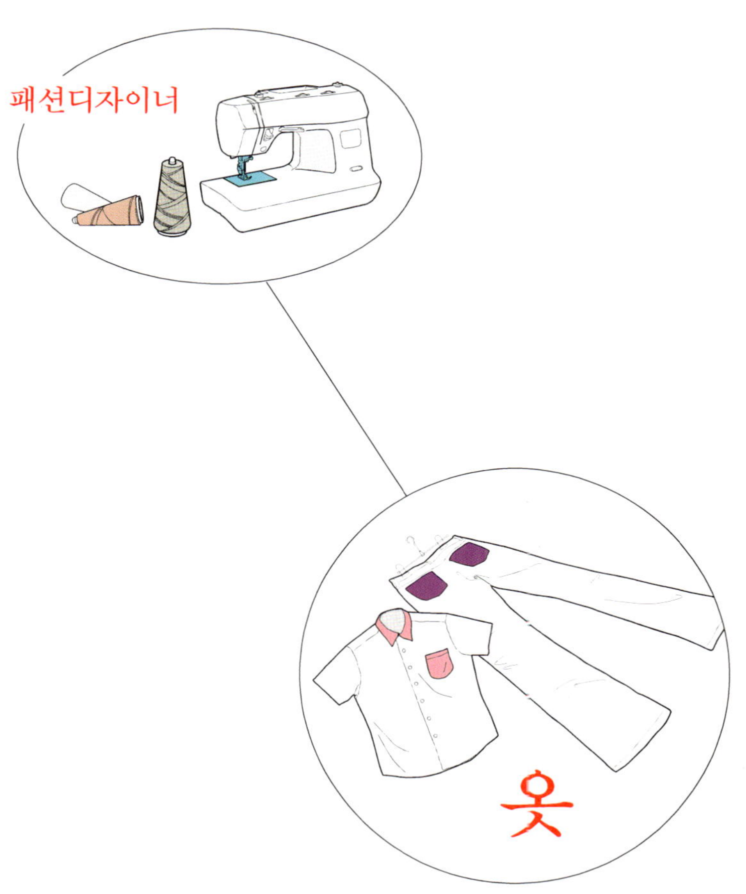

패션디자이너
옷

[보물지도] 미국·일본·중국의 별난 직업

국가명	직업명	직업 개요
미국	의학삽화가	의학 또는 생물학에 관련되는 내용을 시각적으로 표현하는 전문직업 예술가
	딱정벌레 사육사	사냥한 동물을 박제하기 위해서 뼈에 살점이 남지 않도록 청소를 하는 딱정벌레를 사육해서 파는 사람
	의안제조가	선천성, 사고나 질병으로 눈을 잃은 사람에게 정상인과 같은 인상과 미용을 위해 착용하는 보조장치(의안)를 만드는 사람
	웨딩DJ	결혼식이 평생 기억에 남을 수 있도록 아름다운 음악을 제공하는 사람
	영유아 안전장치 설치가	고객의 가정에 방문하여 출입문, 가구, 부엌의 주방 기구 등 위험 요소를 진단하고 제거하기 위해 필요한 장치를 설치하는 사람
	스타 코스튬 플레이어	의상, 헤어, 메이크업, 포즈연출 등을 통해 스타의 모든 퍼포먼스 연출을 직접 행함으로 고객에게 만족감과 잊지 못할 추억을 선사하는 예술가로 일종의 캐릭터 연기자
	정리정돈가	정리 정돈하는 방법을 알려 주는 사람
	매매주택 연출가	모델하우스 등 주택연출을 위해 구매자 입장에서 가장 원하는 요소들로 주택을 장식하는 사람
	어린이 파티 전문가	어린이의 마음을 사로잡기 위해 다양한 인형을 만들고, 공연을 준비하고, 파티를 기획하는 사람
	애완동물 운송업자	애완동물을 고객의 집에서 고객이 원하는 장소로 운송하는 사람
	캠퍼스 크루저	학교 내에서 학생의 안전과 편의를 위해 우리나라 콜택시와 비슷한 형태로 서비스를 제공하는 사람(학교 재학생 가운데 2년 이상의 운전경력을 가진 자를 위주로 선발하고 있음)
	컨시어지	고객의 개인 비서 역할을 하는 사람으로, 이전에는 호텔 컨시어지가 보편적이었으나, 2000년 이후 개인 컨시어지가 많이 생기고 있다.

국가명	직업명	직업 개요
일본	비오톱 관리사	도시화로 인해 살 곳을 잃은 생물에게 서식지를 제공함으로써 자연환경을 보존하고 사람과 자연이 공존할 수 있도록 도와주는 사람
	고령자 도시락 택배업자	고령자의 집으로 식사를 배달해 주는 사람
	노인 개호 복지사	고령자들이 일상생활을 영위할 수 있도록 종합적인 서비스를 제공하는 사람
	돌고래 조련사	동물원이나 대형공원에서 돌고래를 사육하고 관리하며 관중들에게 선보일 쇼를 위해 돌고래를 훈련하는 사람
	애니멀 커뮤니케이터	살아 있는 모든 생명체와 실제 텔레파시를 통해 대화하여 문제점을 해결하고 그 위치 등을 파악하는 텔레파시 영상대화 소통가
	마음 치료사	환자들의 정신적인 피로와 어려움을 들어 주고 공감함으로써 환자의 체력과 기력을 함께 회복시키는 중요한 역할을 하는 사람
	장애인 복지주거환경 코디네이터	자택에서 생활하는 장애인이나 고령자에게 안전하고 쾌적한 주거환경의 정비를 건축설계사 등에게 제안하는 사람
	장애인 직업상담사	취업을 원하는 장애인 구직자를 대상으로 직업상담 및 취업알선을 하는 사람
	만화변사	배우가 연기를 하듯이 사람들에게 만화책을 읽어 주는 사람
	온천 배달부	고객이 원하는 시간에 온천수를 택배차량에 실어다 가정집, 요양원, 호텔 등지까지 배달하는 사람
중국	사과 대변인	의뢰인이 되어 진심 어린 사과의 말을 전달하고 서로 오해가 풀렸다고 생각되면, 직접 화해할 수 있도록 도와 주는 사람
	흥정 대리인	소비자가 만족할 만한 가격대에서 물건을 살 수 있도록 가격을 대신 깎아 주는 사람
	사인 디자이너	이름만 알려 주면 이름과 그림을 잘 조화시켜 이름에 알맞은 사인을 만들어 주는 사람
	오토바이 택시 기사	오토바이로 손님이 원하는 장소로 이동시켜 주는 사람
	인간 내비게이션	운전자 옆자리에 앉아 입으로 방향을 알려 주면서 꽉 막힌 도로를 피해 갈 수 있는 방법을 제시하고 목적지까지 가장 빠르게 갈 수 있도록 안내하는 사람
	전통 공예가	종이, 나무, 밀가루 등을 활용하여 전통 공예품을 만드는 공예가
	요리 주문사	손님의 성별, 사는 지역, 입맛 등을 대화를 통해 파악하고, 그에 맞는 요리를 찾아 주는 사람

 직업의 세계

3. 미래의 직업세계

최고의 책은 아직 씌지 않았다.
최고의 그림은 아직 그려지지 않았다.
최고의 정부는 아직 설립되지 않았다.
당신이 최고의 것을 아직 만들지 않았기 때문이다.

–존 어스킨–

'미래의 공장에는 사람 1명과 개 1마리만 필요하다.' 라는 우스갯소리가 있습니다. 사람은 개에게 밥을 주는 일만 하고, 개는 그 사람이 공장에서 자동으로 돌아가고 있는 기계를 절대로 만지지 못하도록 감시하는 일을 한다고 합니다. 왜냐하면, 공장의 기계는 전자동으로 돌아가기 때문에 사람이 만지지 않아도 될 정도로 잘 만들어졌기 때문입니다. 오히려 사람이 만지면 더 고장이 날 수 있기 때문에 되도록 만지지 못하게 한다는 것입니다.

이렇듯 물건을 만드는 공장에서 자동화, 전산화된다면, 사람들의 일자리는 계속해서 줄어들 수밖에 없습니다. 일자리가 줄어들면 어떻게 될까요? 남아 있는 일자리에 대한 경쟁이 더욱 치열해질 것입니다. 그렇다면, 계속해서 일자리가 줄어드는 미래에는 어떤 직업을 가지고 있어야 할까요? 네. 기계가 대신할 수 없고, 다른 사람이 쉽게 할 수 없는 직업을 갖고 있어야겠죠. 그렇게 되면, 취업을 하는 데도 유리할 것이고, 직장을 잃을 위험에도 처하지 않을 것입니다.

사회, 경제적인 변화가 급속도로 이루어지고 있습니다. 그에 따라 유망직업의 변화도 심해지고 있습니다. 따라서 직업선택에 대한 탁월한 안목이 필요합니다. 어떤 직업을 선택하느냐에 따라 자신의 미래가 달라질 것이기 때문입니다. 미래 유망직업에 대한 정보를 아는 것도 중요하지만, 유망직업 중에 여러분이 평소에 관심이 있었던 직업이 있다면, 그 분야에 진로를 고려해 볼 수 있겠지요. 그러나 자신의 특성이나 평소의 관심분야와 무관하게 유망직업이라는 이유만으로 진로를 선택하는 것은 바람직하지 않습니다.

 # 미래의 직업은?

》》》 다음은 미래 사회의 변화를 제시하였습니다. 각 사회 변화의 특징에 따라 미래 사회에 어떤 분야와 직업이 생겨날지 생각해 봅시다.

(노동부 워크넷이나 커리어넷 사이트의 직업사전이나 직업전망서를 참고해 보세요.)

1. 가족과의 시간을 즐기며 사는 문화가 보편화합니다.

> 예) 외식산업 종사자, 레저산업 종사자

2. 인공지능 로봇이 우리의 일을 돕게 됩니다.

> 예) 로봇제작자, 로봇연구가

3. 우주탐험이 활발해집니다.

예) 우주복 디자이너, 우주인 전용 음식연구가

4. 사람이 오래 살게 됩니다.

예) 노인상담사, 노인전문 레크리에이션 강사

5. 에너지의 고갈문제가 심각해져 다양한 에너지원이 필요합니다.

예) 해양탐험가, 에너지 연구가

보물찾기 TIP

미래사회에서 성공적인 삶을 살기 위해서는 사회의 변화에 관심을 갖고 준비하는 것이 필요합니다.

[보물지도] 우리나라 유망직업의 변화

- 1960년대: 은행원, 공무원
- 1970년대: 대기업 직원, 금융계 종사자
- 1980년대: 증권사 직원, 컴퓨터 프로그래머, 반도체기술자
- 1990년대: 외환딜러, 펀드매니저, 프로그래머, 벤처기업가
- 2000년대: 하이테크 종사자, 네트워크 전문가, 인터넷 전문가, 첨단의료생물산업 종사자

[보물지도] 미래 직업세계의 특징

1. 전문지식을 갖춘 직업이 사회를 주도한다.
2. 풍부한 경력과 경험이 취업을 결정한다.
3. 멀티플레이어가 우대받는 시대가 된다.
4. 개인의 브랜드 가치와 세일즈 능력이 더욱 중요해진다.
5. 취업과 도전의 무대가 전 세계로 확대된다.
6. 여성의 활약이 두드러지고 성별 구분이 사라진다.
7. 은퇴 후의 준비가 중요한 이슈가 된다.
8. 기업의 경쟁력 강화로 정규직이 줄어든다.
9. 전문성을 갖춘 1인 기업이 증가한다.

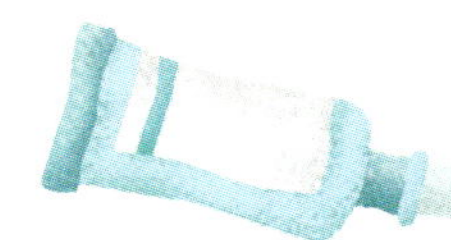

[보물지도] 변화하는 직업의 키워드

1. 다각화

☞ 종전에는 기업들이 공채를 통해서 어느 기업에나 두루두루 적합한 인재를 선택했다면, 이제는 표준형 인재가 아닌 창의적인 인재를 선별하여 한 기업이 특화한 특정 분야의 재능을 발휘하기를 기대합니다. 미개척분야에서 부가가치를 창조할 수 있는 인재를 요구하고 있습니다.

2. 전문화

☞ 미래 직업의 세계에는 전문직이 따로 없습니다. 어떤 직업을 갖는가가 전문가를 결정하지 못할 것이고 거의 모든 직업에서 전문화가 촉진될 것입니다. 모든 직종별로 최고의 전문가가 아니면 살아갈 수 없는 사회가 될 전망입니다.

3. 유연화

☞ 현재 미국인은 평생 동안 평균 3~4회 전직이나 전업을 한다고 합니다. 우리나라도 마찬가지입니다. 이제 평생직장도 없고, 평생직업도 없을 것입니다. 끊임없는 자기개발과 직업전환이 요구됩니다. 의사, 교수 등 안정적인 직업으로 예상했던 직업들조차 더 이상 안전성을 보장받을 수 없을 것입니다.

4. 세계화

☞ 미래의 직업세계에서는 국내시장에서의 취업만으로는 더 이상 발전할 수 없습니다. 이미 자유무역협정(FTA)을 통해 세계와의 무역자유화로 가는 긴 장정이 시작되었습니다. 이젠 떠오르는 수출 시장 브릭스(BRICs, 브라질, 러시아, 인도, 중국)를 잡아야 할 때입니다. 다양한 외국어의 습득과 국제사회 참여의 길만이 살길입니다.

 직업의 선택

1. 직업선택의 중요성

> 나는 무한한 가능성의 존재입니다.
> 내 안에는 지금보다 더 소중한 미래가 숨어 있습니다.
> 나를 지금의 나로 한정 짓는 어리석은 일은
> 하지 마십시오. 내가 내 삶의 매니저가 되십시오.
> 그래서 내속에 있는 꿈을 실현시켜
> 스타로 만드는 내 삶의 매니저가 되십시오.
>
> −박성철−

직업선택은 평생에 걸쳐 이루어야 하는 과업입니다. 이 글을 쓰고 있는 저도 현재 하고 있는 일을 좀 더 전문적인 분야로 발전시킬 수 있는 직업은 없을까 하는 고민을 하고 있습니다. 직업도 계속해서 분화하고 발전해 가지만, 여러분의 꿈도 성장해 가면서 여러 모양으로 변해 갈 것입니다. 어떤 친구는 한 가지 꿈이 현재까지 계속되기도 하고, 어떤 친구는 꿈이 수차례 변화되기도 할 것입니다.

여러분은 어렸을 때 무슨 꿈을 꾸었나요? 유아에게 커서 뭐가 되고 싶냐고 물으면, '예쁜(멋진) 공주(왕자)'가 되고 싶다거나, '힘이 센 호랑이가 되고 싶어요.'라는 답을 합니다. 그 시기는 환상적이어서 현실과 거리가 먼 답을 합니다. 초등학생에게 물으면, '대통령', '가수', 'UN 사무총장' 등 사회적으로 유명하고, 영향력을 많이 발휘하는 사람이 되고 싶어 합니다. 유아보다는 약간 현실적이기는 하나 아직까지도 자신의 특성을 고려하지 않은 채 답을 합니다. 중학생이 되면, 비로소 현실적이 됩니다.

점점 커져 오던 꿈이 작아지는 경향이 있는데, 그 이유는 자신의 흥미, 성격, 가치관, 학교성적, 신체조건 등과 직업을 조금씩 반영하여 희망직업을 생각하게 됩니다. 예를 들면, 의사가 되고 싶어 하던 친구가 드라마를 통해 의사가 하는 일의 특성을 알게 되어 의사의 꿈을 접기도 한다는 것입니다. 고등학생은 취업이나 진학의 결정에 대한 압박을 받게 되며, 많은 고등학생들이 공부에만 열중한 나머지 진로에 대한 고민은 하지 않은 채 대충 결정하고 나중에 후회합니다. 진로에 대한 명확한 설계나 고민이 없이 취업을 하거나 전공과목을 결정하며, 이후에 실제로 대학을 졸업할 때쯤 되어 어떤 직업을 가져야 할지 고민을 시작하는 사람이 많습니다.

보다 행복한 삶을 위해서는 무엇보다 자기 이해와 직업세계 이해를 바탕으로 한 합리적인 진로를 설계해 나가야 할 것입니다.

 # 내 꿈의 변천사

》》 여러분은 지금까지 살아오면서 나름대로 꿈이 있었고, 그 꿈의 변천사가 있었을 것입니다.
유치원 다니던 시기에 가졌던 꿈이 초등학교, 중학교를 거치며 변하는 경우가 많지요.
아래의 〈예〉를 참고로 하여 여러분 꿈의 변천사를 작성해 보고, 새로운 꿈을 꾸게 된 이유를
간단하게 적어 보세요. 그리고 현재의 꿈은 무엇인지 구체적으로 적고 생각해 봅시다.

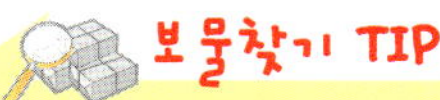 보물찾기 TIP

여러분 모두는 꿈도 다르고, 꿈이 변하게 된 이유도 다 다를 것입니다. 어렸을 때 꾸었던 꿈이
지금까지 일관되게 지속된 친구도 있을 것이고, 가정환경이나 가치관, 능력 등의 변화에 따라
꿈이 변한 친구도 있겠죠? 여러분 꿈의 변천사를 확인해 봄으로써 여러분이 꿈과 현실을
어떤 방식으로 조화시켜 왔는지를 알아보는 기회를 가질 수 있습니다.

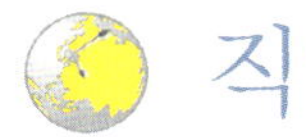 # 직업가계도

>>> 직업가계도는 자신을 포함하여 3대까지의 직업을 그려 보고, 직업가계도에 나와 있는 직업과 자신이 알고 있는 직업세계를 비교해 보는 방법입니다. 그리는 방법은 다음의 예시를 참고하여 부모님의 형제와 자매 그리고 사촌들을 중심으로 작성합니다.

남자는 □, 여자는 ○ 안에 직업명을 쓰고, 사망한 경우에는 '사망' 이라고 적으세요.

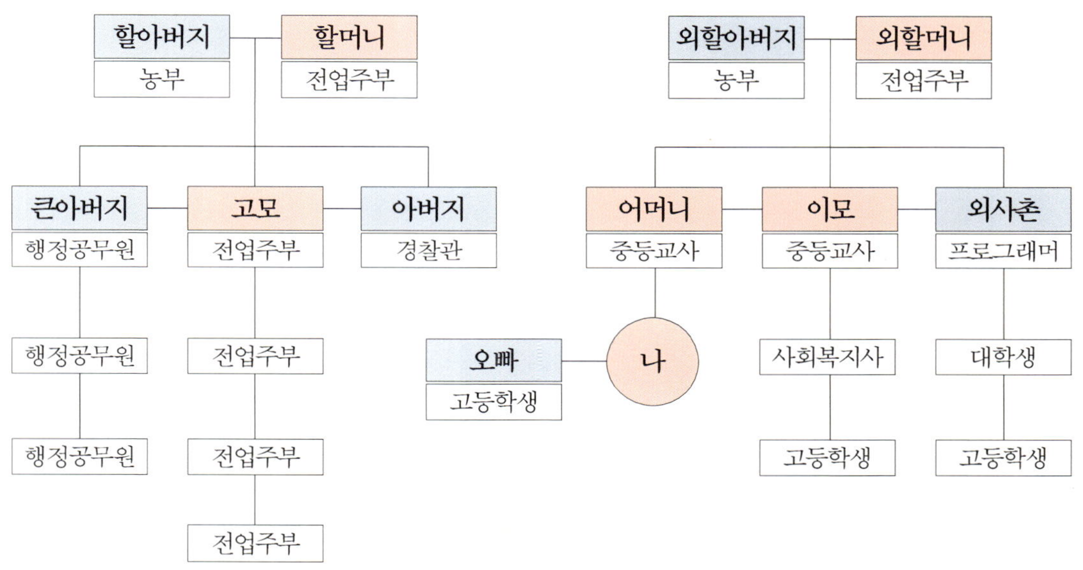

〈예〉 직업가계도

🔍 **보물찾기 TIP**

이 방법을 통해 여러분의 가정환경, 부모의 가치관, 직업이나 교육 정도 등을 알 수 있으며, 여러분과 가까운 사람들의 직업은 어떤 일을 하는지, 어떤 직업이 많은지, 여러분이 닮고자 하는 사람의 직업은 무엇인지 등을 파악할 수 있습니다. 또한, 여러분이 원하는 직업에 대해 부모님과 대립이 생겼을 때 부모님께 여러분의 의견을 말할 수 있는지, 여러분의 꿈을 지지해 줄 만한 분은 누구인지를 파악하는 데도 도움이 될 것입니다.

우리 집 직업가계도 그리기

〈생각해 봅시다〉

1. 직업가계도 안에서 직업이 아닌 것은 무엇인가요?

2. 가족들 간에 공통된 직업명이나 직업 분야는 무엇인가요?

3. 가족 중에서 여러분이 가장 닮고 싶은 사람은 누구이며, 그 이유는 무엇인가요?

4. 가족 중에서 꿈을 이루지 못한 분은 누구이며, 그 이유는 무엇인가요?

5. 여러분의 꿈을 격려해 주는 분은 누구이며, 직업은 무엇인가요?

6. 형제, 자매나 사촌들이 하고 싶어 하는 일이나 직업은 무엇인가요?

2. 직업선택을 위한 준비

위대한 일은 결코 충동적으로 일어나지 않는다.
계속되는 작은 일들이 모였을 때 일어나는 것이다.

–빈센트 반 고흐–

진로선택을 단체 줄넘기 놀이에 비유하는 사람도 많습니다. 줄넘기를 하기 전에 심호흡을 하고, 돌고 있는 줄의 높이와 속도에 잘 맞추어 들어가야 줄에 걸리지 않고 잘 뛸 수 있습니다. 여러분도 끊임없이 변화하는 사회에 맞추어 변화할 수 있어야 성공적인 삶을 살 수가 있습니다. 그리고 성공하는 삶의 첫걸음은 직업으로부터 시작된다고 할 수 있습니다. 앞에서 살펴보았듯이 여러분 자신과 직업세계에 대해 잘 알고 준비해야 여러분 삶에서 선택의 폭이 넓어지고, 원하는 직업을 가질 수 있습니다.

그럼, 여러분이 원하는 직업을 갖고 꿈을 이루기 위해서는 어떤 준비가 필요할까요? 맞습니다. 여러분이 지금 떠올린 것입니다. 해야 할 것은 하고, 하지 말아야 할 것은 안 하면 되는 것입니다. 아마도 여러분 대부분은 공부를 가장 먼저 떠올렸을 것입니다. 공부를 꼭 잘해야만 좋은 직업을 가질 수 있는 것은 아닙니다. 하지만 공부할 시기를 놓친다면, 나중에 후회하고, 몇 배의 노력을 해야 하는 경우가 생길 수 있습니다. 그러나 지나칠 정도로 공부만 하는 것도 현명하지 않습니다. 음식도 골고루 먹어야 건강하듯이 우리의 삶에서도 다양한 것들이 충족되어야 합니다. 건강을 위한 운동, 직업탐색, 봉사활동, 동아리활동 등 여러분 꿈이나 삶의 목적에 따라 다양한 준비가 필요합니다.

저자의 한 친구 N을 예를 들어 보겠습니다. N은 공부를 잘했고, 의사가 되고 싶었습니다. 그런데 고등학교 때 N의 친구가 큰 수술을 받게 되었고, 척추에 주사 놓는 장면을 보게 되었는데 충격을 받고 쓰러졌다고 합니다. 이후 그 친구는 의대가 아닌 공대에 진학해 다른 직업을 갖고 살아가고 있슫니다. 이처럼 자신이 관심을 갖고 있는 직업에 대해서 구체적으로 경험해 보지 않으면 대학을 진학하거나, 취업을 하더라도 후회할 수밖에 없습니다. 그렇습니다. 여러분이 현재 하고 있는 활동이 바로 미래를 위한 투자인 것입니다. 힘들더라도, 고통스럽더라도 포기하고 싶더라도 여러분이 살고 있는 오늘 하루가 여러분 미래의 꿈을 이루는 발판이 된다는 사실을 잊지 마세요.

 # 꿈을 위해 현재 준비할 일

>>> 꿈을 이루기 위해 구체적으로 준비해야 할 것은 무엇이 있을까요?
가정에서, 학교에서, 친구 관계에서, 기타…… 영역을 나누어 생각해 보세요.

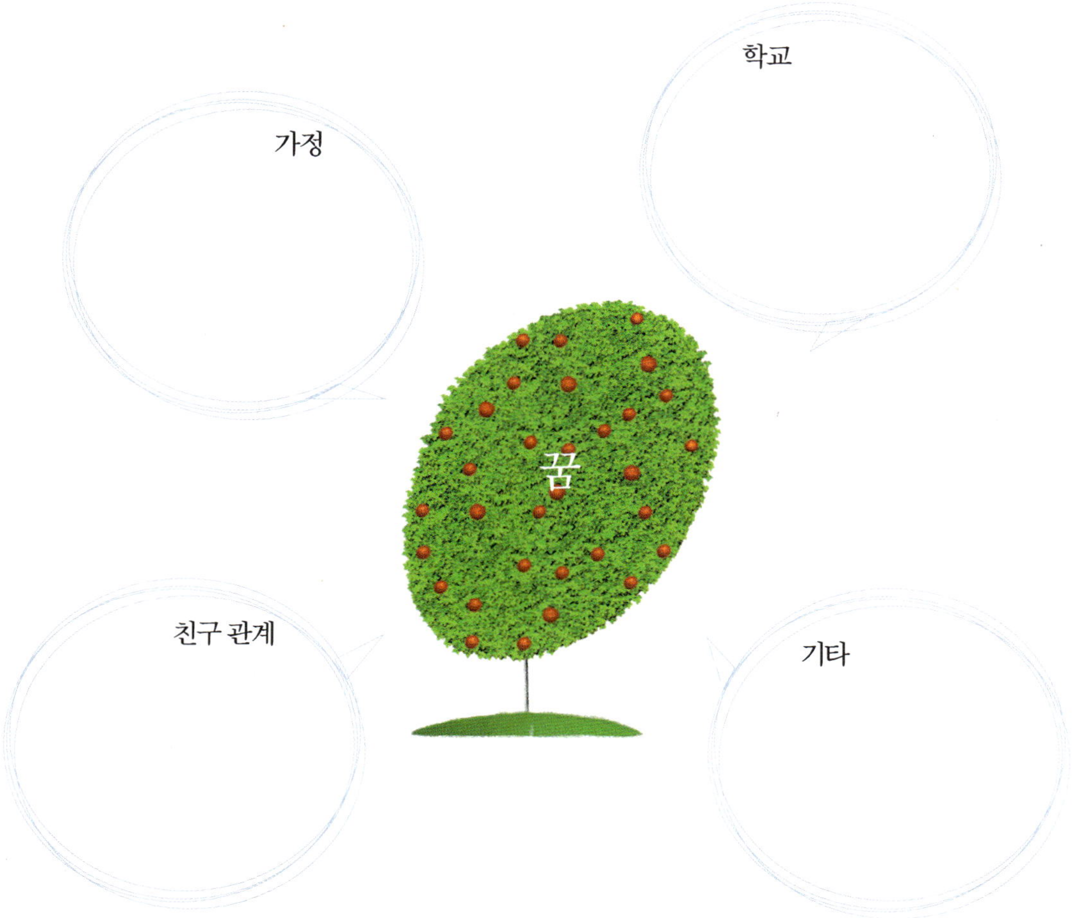

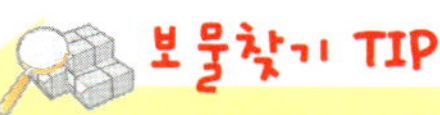 보물찾기 TIP

이 활동을 통해 여러분이 꿈을 이루기 위해 준비해야 할 것에 대해 생각해 볼 수 있습니다.
되도록 구체적으로 작성해 보세요.

[보물지도] 초·중·고 엄친아들의 방학생활······

'아무도 2등은 기억해 주지 않는다.'라는 문구는 1등에 근접했지만 1등에는 올라 보지 못한 수많은 사람들에게 쓸쓸함을 느끼게 한다. 하지만 어쩌랴, 그것이 현실인 것을. 세상이 매정하게 느껴지겠지만 결국 내가 1등이 되는 수밖엔 없다. 그런데 1등은 왠지 '비법'을 숨기고 있을 것 같다. 학교에서도 마찬가지. 열심히 자율학습을 하다가도 가끔 1등 친구를 곁눈질해 본다. 그나마 옆에 보이면 다행인데 방학 때는 궁금함이 더해진다. 그래서 동아일보가 대신 나서서 1등 '엄친아(엄마 친구 아들)'와 '엄친딸(엄마 친구 딸)' 그리고 그 엄마들의 여름방학을 살짝 엿보았다. 노력하는 세상의 수많은 '2등'을 위해.

○ 1등 모티브를 찾는다······ 휘문고 2학년 유제국 군

서울 강남구 대치동 휘문고 2학년 15반 유제국 군(18)은 방학 바로 다음 날인 17일 서울대학교 화학과를 찾았다. 1학년 때 반에서 1등을 했고 2학년 때도 줄곧 상위권을 유지하는 유 군의 꿈은 서울대학교 진학. 그래서 이번에 서울대학교를 '내가 다닐 대학'이라고 '찜'할 계획이다. 옛날 같으면 평소 사용하던 연필과 지우개를 교정에 묻고 오겠지만 요샌 그런 식으로 촌스럽게 안 한다더라.
유 군은 자유로운 캠퍼스, 활기찬 모습의 형과 누나들, 화학과의 실험기기와 장비 등 서울대학교 마크가 붙은 모든 것을 마음에 담았다. 하나하나가 모두 여름방학 동안 강도 높은 공부를 소화해 내기 위한 동력이 된다.
이날 유 군은 단순히 학교를 둘러보는 것 외에도 이 분야 최고 권위자 중 한

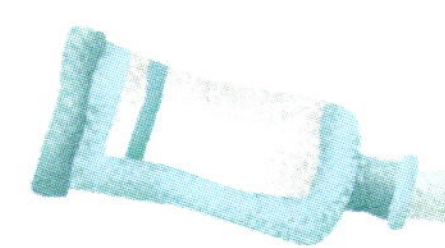

명인 김병문 서울대학교 화학과 교수를 만나 자신의 적성과 희망, 화학 분야의 전망 등 1시간 동안 인터뷰를 하기도 했다. 김 교수를 만난 뒤 유 군의 '공부 열의'가 최고조에 올랐음은 두말할 나위 없다.

사실 김 교수와의 만남은 어머니 유진희 씨(49) 역할이 컸다. 연구 시간도 빠듯한 서울대학교 교수가 고등학생의 면담 신청을 쉽게 받아줄 리 없지 않은가. 유 씨가 주변 지인들을 통해 '연결고리'를 찾아내는 끈질긴 노력을 펼친 결과다.

유 씨는 "말을 강가까지 끌고 갈 수는 있어도 물을 강제로 먹일 순 없다."며 "제국이를 책상에 억지로 앉혀 놓을 수는 있겠지만 진정으로 공부할 수 있는 모티브를 주기 위해 교수님을 어렵게 섭외하게 됐다."고 말했다.

여름방학을 견뎌 낼 힘을 얻은 유 군은 올여름 '하드 스터디'를 할 예정이다. 우선 8월 1일까지는 오전 10시 50분~낮 12시 20분 학교에서 수리 논술을 공부한다. 다른 학교에서는 주로 3학년이 듣는 과정이지만 휘문고에서는 서울대학교 진학을 노리는 2학년 학생들에게도 이 강의를 개설해 미리 공부하도록 하고 있다. 과학탐구 영역을 보충하기 위해 인터넷 강좌를 수강할 계획이며, 학원은 언어(주 1회 3시간), 수리(주 2회 3~4시간), 외국어(주 1회 3시간)를 다니기로 했다.

정신 수양도 중요하기 때문에 7월 말이나 8월 초에는 북한산 금산사에서 템플 스테이에 참여할 계획이다. 조급해하지 않고 여유로운 마음을 가져야 공부도 더 잘할 수 있다는 생각 때문이다. 현직 의사인 아버지의 영향을 받아 서울시립아동병원 등 여러 병원에서 이뤄지는 다양한 봉사활동에도 참여할 생각이다.

[보물지도] 변화되는 입시제도 입학사정관제도

입학사정관제도란?

입학사정관제는 대학이 대입전형 전문가인 입학사정관을 육성 · 채용 · 활용함으로써 대학이나 모집단위별 특성에 따라 보다 자유로운 방법으로 학생을 선발하는 제도입니다.

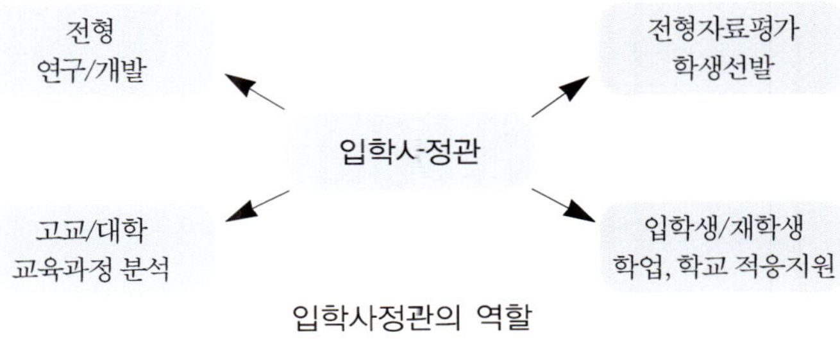

도입배경

지금까지 대학들은 학생부 · 수능시험 · 대학별고사 등 성적 위주로 학생을 선발해 왔습니다. 그러다 보니 초 · 중등학교에서는 지나친 점수 경쟁을 초래했고, 대학 입장에서는 대학이나 모집단위의 특성에 맞는 잠재력과 소질을 가진 학생을 선발하는 데 일정한 한계가 있었습니다. 따라서 대학의 학생선발 권한을 확대하고, 초 · 중등교육 정상화가 함께 이루어질 수 있도록 대입전형의 자율화 · 특성화 역량을 강화하고, 이를 지원할 필요성이 대두되었습니다.

목적

○ 성적 위주의 획일적 선발 방식에서 벗어나 학생의 잠재력, 대학의 설립이념 및 모집단위 특성 등 다양한 요소를 고려한 선발 방식으로 개편
○ 학교생활기록부, 수능 성적, 각종 서류 등 다양한 전형요소를 해석하여 활용할 수 있는 대입전형 전문가 활용체제 구축

현행 대입전형제도와 입학사정관제도 비교

현행 대입전형제도	입학사정관제도
• 시험성적 위주의 선발방식 • 대학의 선발과 교육연계 미흡	• 대입전형 다양화 및 특성화 • 학생부 포함 다양한 전형요소 분석 및 반영 • 모집단위 특성에 맞는 잠재력 있는 학생 선발 • 신입생 사후관리를 통한 선발과 교육연계 강화

지역별 입학사정관제도 시행현황

2009년 현재 90개 대학에서 시행(정부지원 47개, 독자 실시 43개 대학 시행)

04 직업인과 직업생활

1. 직업정신

열정은 멋진 꿈을 가진 사람을 도와주는 힘이다.
열정은 확신을 낳고 평범한 사람을
뛰어난 사람으로 만들어 준다.

–앤디 앤드루스–

　　'총 맞은 나가이의 손은 카메라를 움켜쥐었다' 이 문구는 2007년 미얀마 시위현장
에서 군인들에게 쫓기는 시위대의 모습을 취재하다 총에 맞아 숨진 일본의 프리랜서
기자 나가이 겐지에 대한 기사제목입니다. 총에 맞아 죽어 가면서도 현장을 카메라로
담기 위해 안간힘을 썼던 그는 생의 마지막까지도 카메라를 놓지 않았습니다. 그가 죽어
가면서도 카메라를 놓지 않았던 이유는 무엇이었을까요? 아마도 자신의 카메라에 담긴
사진을 통해 많은 사람들에게 알려 주고자 하는 투철한 직업정신 때문이었을 것입니다.

총에 맞아 쓰러진 후에도 계속해서 군인에게 쫓기는 시위대의 모습을 카메라로 찍고 있는 나가이 겐지 기자의 투철한
직업정신

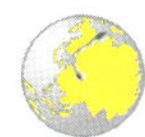 # '직업인' 이라면 이 정도쯤이야……?!

〈투철한 직업정신을 가진 사람〉

성명: 래리 힘멜(미국)

직업: 방송 기자

상황: 자신의 집이 불타는 장면을 생중계하고 있음

1. 여러분이 나가이 겐지 기자나 래리 힘멜 기자였다면 어떻게 했을까요?

2. 여러분이 알고 있는 투철한 직업정신을 가진 사람은 누구인가요?

〈세대별 직업관〉

• 10대: 직업이 자신에게 주는 혜택(경제적 보상, 사회적인 지위 등)에만 관심이 있음.
• 20대: 자신의 명함에 쓰여 있는 소속에 대해 남들이 보이는 반응을 중요시함.
• 30대: 현실에 눈을 떠 결혼과 가족이 주는 책임감에 영향을 많이 받음.
• 40대: 건강, 경제적 보상, 사회적인 지위, 개인적인 성취도 등을 골고루 갖추고자 함.
• 50대: 경제적으로 안정된 경우에는 건강을 중요시하며, 경제적으로 안정되지 못한 경우에는
  함께 일하는 사람들과의 관계를 중요시함.

2. 바람직한 직업관과 직업윤리

일하지 않는 것과
존재하지 않는 것은 같은 것이다.

−볼테르−

우리의 삶에서 보람 있는 직업생활을 하는 사람은 자신의 능력을 최대한 발휘하며 직업생활을 하고 있습니다. 그들은 사회의 한 구성원으로 꼭 필요한 역할을 수행하는 것이라 생각하며 최선을 다해 살아갑니다. 직업인으로 성실한 역할 수행을 하고 좋은 성과를 올리기 위해서는 바람직한 직업관을 형성하는 것이 필요합니다. 특히, 청소년기에 바람직한 직업관을 정립하는 것이 중요합니다.

또한, 직업인으로 종사하며, 조직의 이익과 국민의 이익 사이에서 갈등을 현명하게 극복하고 조화할 수 있는 적절한 윤리의식을 정립하는 것이 중요합니다. 직업윤리란 직업을 가지고 일을 할 때 반드시 지켜야 할 도리와 규범을 의미합니다. 직업윤리에는 모든 직업인이 가져야 할 공통적인 직업윤리인 보편적 직업윤리가 있고, 특정 직업에 따라 지켜야 할 도리와 태도인 특수 직업윤리가 있습니다. 각 직업별로 중요하게 지켜야 할 직업윤리를 살펴봅시다.

 **[보물지도]** 각 직업별 중요하게 지켜야 할 직업윤리

〈보편적 직업윤리〉
• 준법정신, 공익정신, 성실성, 정직성

〈특수 직업윤리〉
• 판사: 공정성
• 의사: 생명존중
• 음악가: 표절하지 않기
• 건축가: 안전한 시공
• 상담가: 비밀보장
• 기업인: 세금 잘 내기
• 공무원: 뇌물 안 받기
• 식품제조업자: 위생
• 버스운전사: 안전운전, 교통법규 준수
• 기자/언론인: 진실보도

# 직업윤리에 위배되는 행위

>>> 다음의 이야기를 읽고 직업윤리에 위배되는 행위를 한 사람과 그 이유를 적어 보세요.

헤인즈(Heinz)의 딜레마

유럽에서 헤인즈라는 남자의 부인이 암에 걸려 죽어 가고 있었다. 그런데 그 부인의 병을 치료할 수 있는 약이 발명되었다. 그 약은 같은 마을에 사는 어느 약사가 발명한 라디움 종류의 약이었다. 약값을 제조원가의 10배로 책정했기 때문에 그 약은 가격이 매우 비쌌다. 즉, 원가가 200달러인데 판매가격은 10배나 높은 2,000달러였던 것이다.

헤인즈는 돈을 구하려고 모든 노력을 다했으나, 약값의 절반인 1,000달러밖에 구하지 못했다. 헤인즈는 약사에게 자기 부인이 죽기 직전이라는 것을 설명하고, 그 약을 싸게 팔거나 외상으로라도 팔아 달라고 간청했다. 그런데 약사는 "절대로 안 됩니다. 그 약은 내가 발명한 것이니 나는 이 약으로 돈을 벌어야 합니다."라고 매몰차게 거절하였다. 절망에 빠진 헤인즈는 마침내 부인을 구하기 위해 약을 훔쳤다.

>>> 이야기를 읽고 난 후 어떤 느낌이 드나요?

>>> 이야기에 나오는 약사에 대해 어떤 느낌이 드나요?

>>> 약사도 직업윤리에 위배되지 않고, 헤인즈의 다내도 치료받을 수 있는 방법은 없었을까요?

🔍 보물찾기 TIP

직업을 통해 수입, 보람, 자아실현 등을 얻을 수 있습니다. 반면, 각 직업마다 직업인으로 꼭 지켜야 할 직업윤리도 있답니다.

3. 직업인으로 성공하기

장애물을 만나면 이렇게 생각하라.
'내가 너무 일찍 포기하는 것이 아닌가?'
실패한 사람들이 '현명하게' 포기할 때,
성공한 사람들은 '미련하게' 참는다.

−마크 피셔−

직업인으로 성공하는 방법은 여러 가지가 있습니다. 그중에 흥미, 적성, 가치관 등 자신과 잘 맞는 직업을 선택하는 방법이 지름길일 것입니다. 여러분이 잘 아는 '토끼와 거북이' 이야기를 생각해 봅시다. 이야기에서는 경기 중에 토끼가 잠을 자기 때문에 성실하고 끈기 있게 노력한 거북이가 이겼지만, 현실은 다릅니다. 거북이가 죽을힘을 다해 달려도 토끼를 이길 수 없습니다. 그런데 물속에서 경주를 한다면 상황은 달라지겠지요? 물속에서는 토끼가 죽을힘을 다해 노력한다 해도 거북이를 이기기 어렵겠죠? 여러분이 앞으로 가지게 될 직업도 마찬가지입니다.

여러분이 자신에 대한 충분한 이해를 바탕으로 여러분과 잘 맞는 직업을 선택해야 행복한 삶을 살 수 있습니다. 다시 말해, 여러분이 토끼라면 육지를 선택해야 보다 행복해진다는 것입니다. 직업생활은 우리 삶에 중요한 영향을 미치게 되기 때문입니다.

직업목표를 설정한 이후부터는 현재 여러분이 해야 할 일들을 하나씩 해 나가야 합니다. 여러분이 현재 어떤 노력을 하느냐에 따라 여러분 삶의 질이 달라진다는 사실을 깊이 생각할 필요가 있습니다. 토끼라도 다 같은 토끼는 아니겠죠? 산에서 마음껏 뛰어다니는 산토끼가 될 수도 있고, 우리에 갇혀서 좁은 우리 속에서만 살게 될 수도 있습니다. 거북이도 마찬가지입니다. 큰 연못, 작은 연못, 깨끗한 연못, 더러운 연못, 악어 떼가 사는 연못, 먹이가 많은 연못 등 다 다르겠지요? 여러분은 어떤 삶을 어떻게 살고 싶은가요? 보다 멋진 삶을 살기 위해서는 지금 무엇을 해야 할까요? 크고 깨끗한 연못에서 맛있는 먹이를 마음껏 먹으며 평화롭게 살고 싶다면 차근차근 준비해서 치열한 경쟁에서 살아남아야 합니다.

여러분이 지금 생각하고 있는 그 꿈의 크기만큼만 성공할 수 있습니다. 어때요? 여러분 꿈을 더 키워 보고 싶지 않으세요? 여러분 자신의 여러분 삶의 디자이너가 되어 여러 모양으로 디자인할 수 있습니다. 아주 훌륭한 예술 작품으로 완성할 수 있습니다. 왜냐하면, 여러분은 여러분 삶의 주인공이자, 디자이너이기 때문입니다.

발레리노 '존 로우'

>>> 존 로우는 제2차 세계대전 참전군인 출신으로 미술교사로 살았습니다. 항상 무용수가 되고 싶다는 꿈을 간직하고 있었습니다. 79세에 손자뻘 되는 무용수들과 맹훈련을 시작했습니다. 집 거실에 공중그네를 만들어 두고 매일 근력운동을 집중적으로 했습니다. 2009년 8월 24일 캠브리지셔의 일리대성당에서 '슈트라우스의 예술가 인생' 이란 작품으로 무대에 올랐습니다. 그의 나이 90세, 발레를 시작한 지 11년 만이었습니다. 사람들은 그의 놀라운 유연성과 풍부한 감성표현에 좋은 평가를 했습니다. 성공적으로 공연을 마친 그는 "발레는 정말 아름다우며, 선율에 맞춰 발을 세워 몸을 높이 올리는 일은 황홀하다."며 기뻐했습니다.

꿈을 이루는 데 나이는 단지 숫자에 불과합니다. KFC의 설립자 커넬 할랜드 샌더스는 1,008번의 실패 끝에 68세에 꿈을 이루었으며, 62세에 '텔레토비'를 제작한 앤 우드, 68세에 퓰리처상을 수상한 프랭크 맥코트, 70세에 가수생활을 시작하고 그래미상을 받은 이브라임 페레, 71세에 샤넬 부티크를 다시 열어 '트위드 투피스'를 성공시킨 코코샤넬이 있습니다. 정신분석으로 유명한 융은 80세에 글쓰기를 시작하였습니다. 이들은 모두 60세 이후에 새로운 도전을 해서 성공한 사람들입니다.

1. 존 로우의 이야기를 읽고 난 후 소감을 적어 보세요.

2. 존 로우가 발레리노가 되기 위해 한 노력은 무엇인가요?

3. 여러분이라면 어떤 선택을 하였을까요?

IV. 진로의사결정

진로선택

1. 진로선택의 과정

> "자기에 대한 충분한 이해
>
> ⇒ 직업세계에 대한 이해
> ⇒ 생애 목표 수립
> ⇒ 진로의사결정
> ⇒ 직업의 선택 및 취업"

한 호기심 많은 소년이 산에서 주운 독수리 알을 닭장 속에 넣어, 닭의 품에서 병아리와 함께 깨어 난 새끼 독수리가 있었습니다. 이 새끼 독수리는 자기가 독수리라는 사실을 모르고 여느 병아리와 조금도 다를 타 없는 생각과 행동을 하게 되었답니다. 그러던 어느 날 하늘을 멋지게 나는 독수리 한 마리를 보고 생각합니다. '그래, 난 저 새를 닮았어. 닭장은 내가 있을 곳이 아니야. 나도 높은 하늘을 힘차게 날 수 있어.' 자신이 병아리가 아님을 깨달은 새끼 독수리는 조금 전에 자신이 보았던 그 새처럼 하늘을 날기 위해 날갯짓을 해 봅니다. 그랬더니 신기하게도 닭장을 뒤로 하고 하늘을 힘차게 날아오르게 되었답니다.

브라질의 '레오나르두 보프'에 의하면 사람은 누구나 닭과 독수리의 두 가지 면을 가지고 있다고 합니다. 혹시 여러분도 독수리인 줄 모르고 닭으로 살아가고 있진 않은지요? 여러분이 스스로를 독수리라고 인식하는 순간 여러분도 분명 하늘을 날게 될 것입니다.

합리적인 직업선택을 위해서는 이렇듯 자신에 대한 충분한 이해와 내가 날아가야 할 직업세계에 대한 이해가 바탕이 되어야 합니다. 그래야 자신의 특성과 일치하는 직업을 선택할 수 있습니다. 하지만 여러 가지 대안 중에서 나의 진로를 결정하는 일이 쉽지는 않겠죠. 아주 복잡하고도 어려운 일이라 하겠습니다. 현명하고 합리적인 방법으로 여러분의 진로를 그려 나가는 데 앞으로의 활동이 도움이 될 수 있기를 기대합니다.

 # 진로 밑그림 그리기

>>> 나는 누구이며, 어떤 사람인지 현재 나의 참모습을 아래의 공란에 솔직하게 적어 봅시다.

1. 나의 별명은 ______________ 이고, 그 이유는 __________________ 이다.

2. 나의 모든 것(외모, 성격, 특기, 취미, 성적 등) 중에서 가장 자랑스러운 것은
   ____________________________________ 이다.

3. 내가 가장 잘하는 것은 ________________________________ 이다.

4. 내가 시간이 남을 때 주로 하는 일은 ______________________________이다.

5. 내가 가장 관심을 갖고 열심히 공부하는 과목은 ____________ 이다.

6. 나와 가장 마음이 통하는 친구는 __________ 명이 있다.

7. 내가 가장 존경하는 사람은 (언제, 어디에서 만난) __________________ 이다.

   왜냐하면 ________________________________ 때문이다.

8. 나에게 가장 기억에 남는 사람은 __________________ 이다.

   왜냐하면 ____________________ 때문이다.

9. 내 인생에 있어서 가장 하고 싶은 일은 ______________________ 이다.

10. 나의 미래에 갖고 싶은 직업은 ____________________ 이다.

    왜냐하면 ____________________ 때문이다.

 보물찾기 TIP

이 활동을 통해 직업과 관련하여 현재 여러분의 생활(삶)을 파악해 볼 수 있습니다. 여러분의 과거와 현재를 우선 탐색해 보면, 여러분 자신과 여러분이 앞으로 하고 싶은 직업을 생각해 볼 수도 있습니다.

바다
산
정글
성공으로 가는 길

2. 진로선택의 중요성

> " 꿈을 향해 자신감 있게 나아가는 사람,
> 꿈에 그리던 삶을 살기 위해
> 열정적으로 노력하는 사람은
> 일상의 예기치 않은 순간에 성공을 만나게 된다. "
>
> ー헨리 데이비드 소로ー

나는 젊었을 때 정말 열심히 일했습니다. 그 결과 나는 실력을 인정받았고 존경을 받았습니다. 그 덕에 60세 때 당당한 은퇴를 할 수 있었죠. 그런 내가 35년 후인 95세 생일 때 얼마나 후회의 눈물을 흘렸는지 모릅니다.

내 60년의 생애는 자랑스럽고 떳떳했지만, 이후 35년의 삶은 부끄럽고 후회되고 비통한 삶이었습니다. 나는 퇴직 후 '이제 다 살았다. 남은 인생은 그냥 덤이다.' 라는 생각으로 그저 고통 없이 죽기만을 기다렸습니다. 덧없고 희망이 없는 삶…… 그런 삶을 무려 35년이나 살았습니다.

35년의 시간은 지금 내 나이 95세로 보면…… 3분의 1이 넘는 기나긴 시간입니다. 만일 내가 퇴직할 때 앞으로 35년을 더 살 수 있다고 생각했다면 난 정말 그렇게 살지는 않았을 것입니다. 그때 나 스스로가 늙었다고, 뭔가를 시작하기엔 늦었다고 생각했던 것이 큰 잘못이었습니다. 나는 지금 95살이지만 정신이 또렷합니다. 앞으로 10년, 20년을 더 살지 모릅니다.

이제 나는 하고 싶었던 어학공부를 시작하려 합니다. 그 이유는 단 한 가지…… 10년 후 맞이하게 될 105번째 생일날! 95세 때 왜 아무것도 시작하지 않았는지 후회하지 않기 위해서입니다.

〈어느 95세 어르신의 일기〉

우리는 살아가면서 다양한 역할을 수행합니다. 여러분도 이미(본인이 원하든지 원하지 않든지) 학생, 자녀, 시민, 친구 등 다양한 역할을 수행하며 살아가고 있습니다. 나이가 들어가면서 더욱 다양한 역할을 수행하게 되는데, 직업은 자신뿐 아니라 가족의 삶까지도 많은 영향을 미칩니다. 따라서 우리가 진로를 계획하는 일은 행복한 삶을 계획하는 일과 다르지 않습니다. 행복한 삶을 위해서는 자신이 수행하고 있는 다양한 역할과 직업이 조화를 이루어야 할 것입니다.

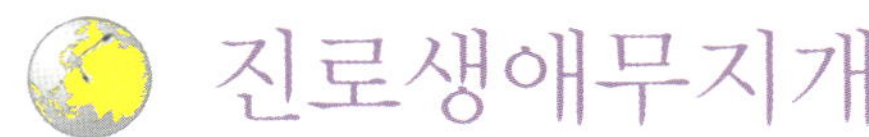

진로생애무지개

 어떤 학자가 우리의 일생을 무지개그림을 통해 한눈에 볼 수 있는 방법을 제시하였습니다. 여러분이 원하는 직업이 여러분의 여러 가지 역할을 어떻게 조화할 수 있는지를 〈진로생애무지개〉를 통해서 탐색해 봅시다. 무지개의 맨 가장자리에 쓰여 있는 숫자는 나이를 나타냅니다. 그리고 아랫부분에는 여러분이 하게 될 중요한 역할들(자녀, 학생, 시민, 배우자, 부모 등)을 적어 봅니다. 각 역할의 시작과 끝을 표시하고 색칠을 합니다. 그다음에는 무지개의 가운데 부분과 여러분의 현재 나이에 해당하는 숫자를 연결해서 선을 긋습니다. 선을 중심으로 왼쪽은 여러분이 현재까지 수행해 왔던 역할이며, 오른쪽은 앞으로 수행해야 할 역할입니다.

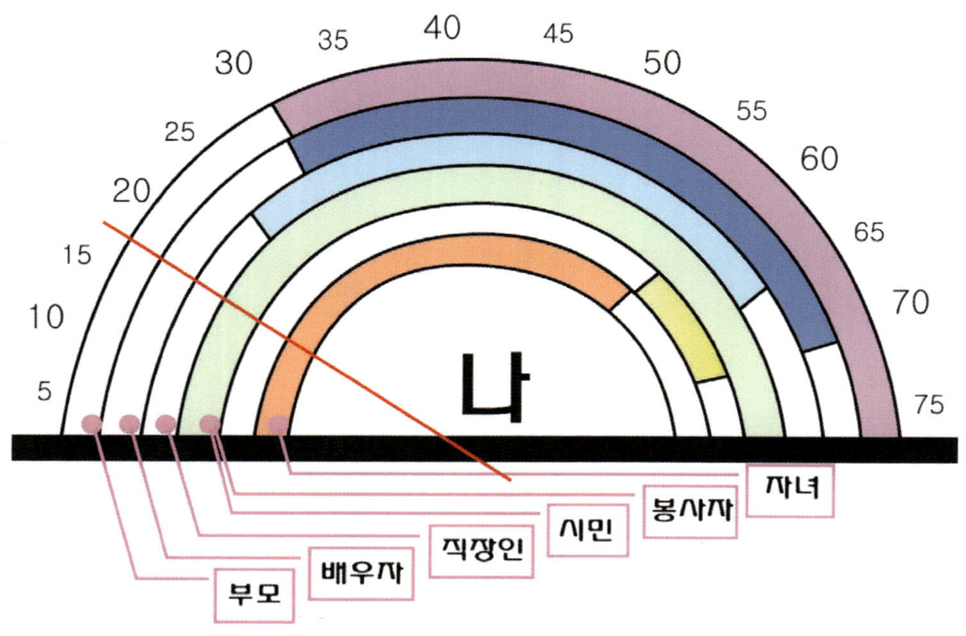

〈예〉 진로생애무지개

 # 나의 진로생애무지개 그리기

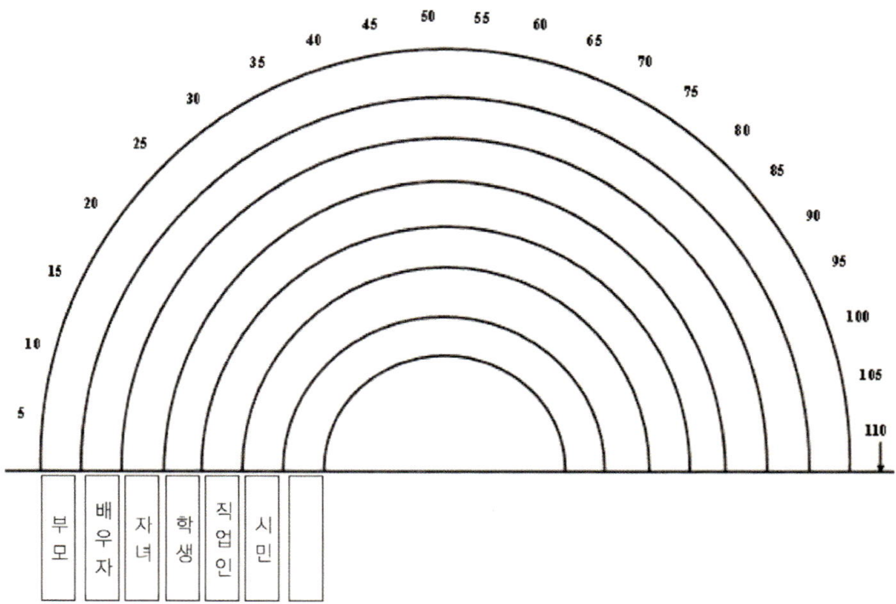

>>> 나의 진로생애무지개 그리기를 작성해 보고 난 후의 느낌을 적어 보세요.

보물찾기 TIP

이 활동을 통해 각 나이대별로 해야 할 역할을 체크해 보고, 그 역할에 따라 관계형성을 해야 할 사람들에 대해 체크해 볼 수 있습니다. 이처럼 생애역할을 구체적으로 살펴본다면, 보다 효과적인 생애진로설계를 할 수 있습니다.

3. 진로선택에 대한 고민

> 결국 우리 삶을 만드는 것은 우리 자신이다.
> 이 과정은 죽을 때까지 멈추지 않는다.
> 우리가 한 선택의 궁극적인 책임은
> 우리 자신에게 있다.
>
> —엘리너 루스벨트—

- 나에게 맞는 직업은 어떤 직업일까?
- 내가 하고 싶은 일과 부모님이 원하시는 일이 달라요.
- 집안형편상 꿈을 포기해야 할 것 같아요.
- 문과를 가야 할지 이과를 가야 할지?
- 일반계 고등학교에 가야 할지, 전문계 고등학교에 가야 할지 고민이에요.

청소년 여러분의 가장 큰 고민 중의 하나가 진로결정에 관한 고민일 것입니다. 아마도 위에 제시된 고민과 유사한 고민을 가진 친구도 있을 것입니다. 이처럼 갈등상황이 발생했을 때 어떤 선택을 하고 어떻게 극복해 가느냐에 따라서 앞으로 여러분의 삶도 달라질 수 있습니다.

따라서 선택상황에서 각 항목에 따라 장점과 단점을 탐색해 보고 객관적이고 구체적인 정보를 바탕으로 합리적인 의사결정을 해야 합니다. 만약 어떤 항목을 탐색해 본 후 장점이 많고, 단점이 적다면, 그 항목을 선택하는 것이 합리적일 수 있습니다. 그러나 장점은 많으나, 치명적인 단점이 있다면 장점이 많다고 해서 그 항목을 선택한다는 것이 합리적이지 않을 수도 있습니다. 어떤 결정을 할 때 머릿속으로만 생각하다 보면, 생각이 정리가 되지 않고 혼란스러워 결정을 하기 어렵습니다.

글로 쓰거나 목록표의 형태로 적다 보면, 생각이 정리가 되고, 자신이 진정으로 원하는 것이 무엇인지를 알게 되고, 현명한 결정을 내릴 수 있습니다. 이런 방법으로 결정을 내리면, 나중에 선택하지 않은 길에 대한 아쉬움은 덜 생기겠지요?

의사결정 목록표의 예시

내가 하고 싶은 일(유치원 교사)		부모님이 권하시는 일(의사)	
장점	단점	장점	단점
• 귀여운 아이들과 지낼 수 있다. • 2년제 대학만 나와도 할 수 있다.	• 보수가 적다 • 멀미가 심해서 차량운행이 어렵다.	• 보수가 많다. • 사람들이 존경한다. • 6년 이상 공부해야 한다.	• 공부를 많이 해야 한다. • 피를 많이 봐야 한다. • 병원에서 나는 냄새가 싫다.

태희의 고민

〉〉〉 상황

중학생인 태희는 진로문제로 요즘 부모님과 갈등이 생겼습니다. 태희는 노래와 춤이 너무 좋아 가수가 되고 싶은데, 부모님께서는 선생님이 되라고 하십니다. 어떤 결정을 내려야 좋을까요?

1. 태희의 의견을 고집했을 때 예상되는 결과는 무엇일까요?

- 현재 :

- 미래 :

2. 부모님의 의견을 따랐을 때 예상되는 결과는 무엇일까요?

- 현재 :

- 미래 :

3. 태희의 의견과 부모님의 의견을 절충할 수 있는 방법은 무엇일까요?

- 현재 :

- 미래 :

보물찾기 TIP

직업선택에서의 갈등상황은 여러분 자신의 욕구를 잘 점검해 볼 필요가 있습니다. 특히 부모님과의 갈등상황에서는 부모님과의 진지한 대화를 통해서 부모님의 의도와 욕구를 파악해 보는 것이 중요합니다. 또한, 부모님 의견, 성격, 가정형편, 성적, 사회적 편견 등의 이유로 꿈을 쉽게 포기하는 경우도 흔하게 볼 수 있습니다.

여러분! 여러분이 가진 꿈의 크기만큼만 성공할 수 있습니다. 그러한 문제들을 해결할 수 있는 다양한 방법이 있을 수 있으며, 주위에 도움을 줄 수 있는 사람도 많이 있습니다. 무엇보다 여러분이 지금부터 할 수 있는 작은 일부터 노력한다면, 꿈을 이룰 수 있습니다.

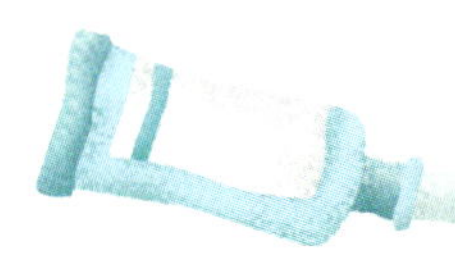

[보물지도] 꿈을 이루려면……

법칙을 활용하라

꿈이 이루어질 것을 믿고(신념의 법칙),

원하는 것을 끌어들여(인력의 법칙),

자신을 그것과 일치시키는 노력을 하면(상응의 법칙)

꿈은 이루어집니다.

시각화하라

자신이 원하는 것이 있다면,

기회가 있을 때마다 시각화를 통해

머릿속에 강하게, 선명하게, 지속적으르 그려 보세요.

잠재의식이 자신이 시각화한 이미지에 맞도록

우리의 생각과 행동, 감정을 조절하게 되어

꿈은 이루어집니다.

꿈을 향한 과정을 즐기라

꿈을 이루려면 목적의식을 가지세요.

그리고 해야만 하는 일을 하고 싶은 놀이로 만들어 보세요.

 의사결정

1. 의사결정의 의미

> "오늘의 '선택' 이 '미래' 를 바꾼다."

인생은 B로 시작해서 D로 끝난다는 말이 있습니다. B는 Birth, D는 Death. 공교롭게도 알파벳 B와 D 사이에는 'C'가 있고, 인생의 중간과정도 역시 B와 D 사이의 'C'의 문제라는 거죠. 'C'는 Choice(선택), 자신이 어떤 선택을 하는가에 따라 만족한 삶을 또는 그렇지 못한 삶을 살아가게 되는 것입니다.

사람은 살면서 항상 선택을 합니다. 매 순간이 선택의 연속인 것입니다. 오늘은 무슨 옷을 입을까, 점심은 뭘 먹을까와 같은 비교적 일상적인 선택에서부터 졸업 후에 무엇을 할 것인가, 어떤 사람과 결혼할 것인가와 같은 중대한 선택을 하게 됩니다.

일상적인 생활에서 선택을 도와주는 상품이 히트 상품이 되기도 하는데, 중국집에서 자장면을 먹을까, 짬뽕을 먹을까와 같은 고전적인 고민을 해소해 준 '짬짜면'이 히트 친 것만 봐도 선택이 그만큼 일상적이면서도 힘든 일임을 알 수 있게 합니다.

의사결정이란 어떤 문제 상황에 처하게 되었을 때, 해결을 위해 몇 가지 대안을 마련하고, 비교 선택, 실천하는 과정입니다. 의사결정 유형이란 결정을 내릴 때 선호하는 접근 방식이라고 말할 수 있겠죠.

그럼 지금부터 나의 의사결정 스타일을 점검해 볼까요?

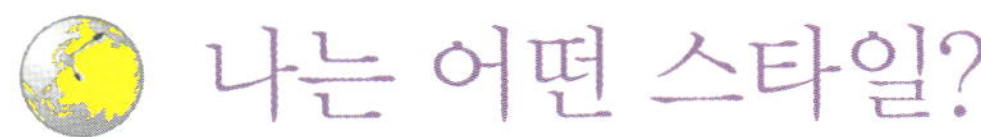

나는 어떤 스타일?

1. 여러분은 최근에 무언가를 결정하기 위해 고민한 경험이 있을 것입니다. 생각해 봅시다.

2. 지금까지 여러분이 했던 결정 가운데 중요한 결정이었다고 생각되는 것은 무엇인가요?

3. 그런 결정을 내리게 된 이유, 그 결정에 대한 결과는 어떠했나요?
   (만족할 만한지, 후회가 되는지, 다시 그런 결정을 내리게 된다면 어떻게 하고 싶은지 등)

보물찾기 TIP

개인들은 각자 서로 다른 의사결정 방식을 선호하고 사용합니다. 어떤 방식이든 좋고 나쁜 것이 없으므로 의사결정 시 자신에게 익숙한 의사결정 방식을 충분히 활용함과 동시에 간과할 수 있는 부분을 보완하는 것이 가장 유용하겠죠. 그러나 자신의 진로선택만큼은 합리적인 방법으로 결정하는 것이 어떨까요?
자신의 의사결정 스타일을 파악하고 합리적으로 의사결정을 하는 방법을 익히는 것이 중요합니다.

# 나는 어떤 유형의 의사결정자일까?

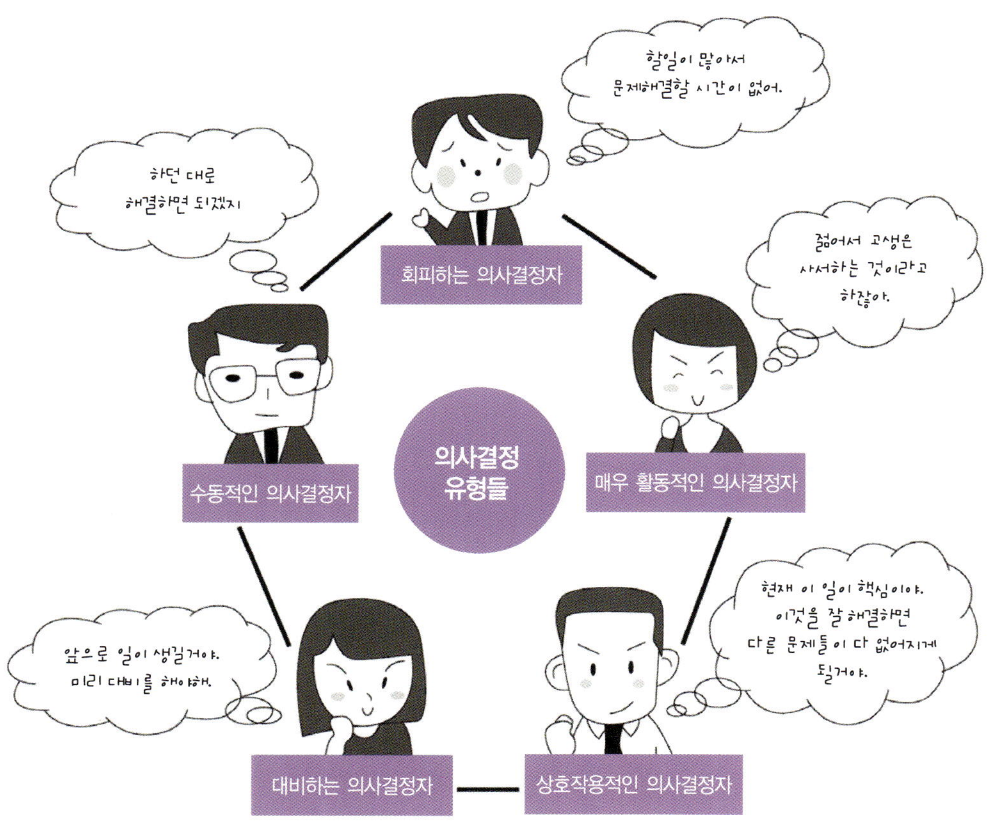

1. 위의 5가지 의사결정 유형 중에 여러분은 어떤 유형에 속하는가요?

2. 여러분의 진로의사결정에서는 어떤 유형이 도움이 될까요? 그 이유는 무엇인가요?

 # 나의 의사결정 유형 찾기

>>> 이 검사는 개인이 어떤 방식으로 의사결정을 내리는지를 알아보기 위한 것입니다. 문항들을 하나씩 읽어 가면서 그 내용이 자신의 입장과 똑같거나 거의 같으면 O를, 자신의 입장과 매우 다르거나, 상당히 다르면 X를 공란에 표시해 주시기 바랍니다. 자신의 의사결정 유형을 정확히 알 수 있도록 정확하고 솔직하게 응답하시기 바랍니다.

NO	항 목	A	B	C
1	나는 중요한 의사결정을 할 때 한 단계 한 단계 체계적으로 한다.			
2	나는 자신의 욕구에 따라 매우 독특하게 의사결정을 한다.			
3	나는 얻을 수 있는 모든 정보를 수집하지 않고는 중요한 의사결정은 거의 하지 않는다.			
4	의사결정을 할 때 내 친구들이 나의 결정을 어떻게 생각할 것인가를 매우 중요시한다.			
5	의사결정을 할 때, 이 의사결정과 관련된 결과까지 고려한다.			
6	나는 다른 사람의 도움 없이는 중요한 의사결정을 하기가 힘들다.			
7	나는 어려운 문제에 부딪히면 재빨리 결정을 내린다.			
8	나는 의사결정을 할 때 나의 즉각적인 느낌이나 감정에 따른다.			
9	나는 내가 하고 싶은 것보다 다른 사람이 어떻게 생각하느냐에 영향을 받아 의사결정을 한다.			
10	어떤 의사결정을 할 때 나는 시간을 갖고 주의 깊게 생각해 본다.			
11	나는 문제의 본질에 대해 찰나적으로 떠오르는 생각에 의해 결정을 한다.			
12	나는 친한 친구에게 먼저 이야기하지 않고는 의사결정을 거의 하지 않는다.			
13	나는 중대한 의사결정 문제가 예상될 때, 그것을 계획하고 생각할 시간을 충분히 갖는다.			
14	나는 의사결정을 못한 채 뒤로 미루는 경우가 많다.			
15	의사결정을 하기 전에 올바른 사실을 알고 있나 확인하기 위해 관련된 정보를 다시 살펴본다.			

NO	항 목	A	B	C
16	나는 의사결정에 관해 실제로 생각하지는 않지만 갑자기 생각이 떠오르면서 무엇을 해야 할지를 알게 된다.			
17	어떤 중요한 일을 하기 전에 나는 신중하게 계획을 세운다.			
18	의사결정을 할 때 다른 사람의 많은 격려와 지지를 필요로 한다.			
19	나는 의사결정을 할 때, 마음이 가장 끌리는 쪽으로 결정을 한다.			
20	나의 인기를 떨어뜨릴 의사결정은 별로 하고 싶지 않다.			
21	나는 의사결정을 할 때, 예감 또는 육감을 중요시한다.			
22	나는 조급하게 결정을 내리지 않는데, 그 이유는 올바른 의사결정임을 확신하고 싶기 때문이다.			
23	어떤 의사결정이 감정적으로 나에게 만족스러우면 나는 그 결정을 올바를 것으로 본다.			
24	올바른 의사결정을 할 수 있는 능력에 자신이 없기 때문에 주로 다른 사람의 의견에 따른다.			
25	종종 내가 내린 각각의 의사결정을 일정한 목표를 향한 진보의 단계로 본다.			
26	내가 내리는 의사결정을 친구들이 지지해 주지 않으면 그 결정에 대해 확신을 갖지 못한다.			
27	의사결정을 하기 전에, 나는 그 결정을 함으로써 생기는 결과에 대해 가능한 한 많이 알고 싶다.			
28	나는 '이것이다' 라는 느낌에 의해 결정을 내릴 때가 종종 있다.			
29	대개의 경우 나는 주위 사람들이 바라는 방향으로 의사결정을 한다.			
30	여러 가지 정보를 수집하거나 검토하는 과정을 갖기보다 나에게 떠오르는 생각대로 결정을 내리는 경우가 자주 있다.			
유형별로 'O'의 개수(합계)를 적어 주세요.		A	B	C

A, B, C 각 합계에 따라 다음과 같이 세 가지 유형으로 나누어지며, 다음 장에 자세한 설명이 있습니다.【A유형은 '합리적 유형', B유형은 '직관적 유형', C유형은 '의존적 유형'】

 # 의사결정의 3가지 유형

>>> 유명한 심리학자 Harren(1979)은 의사결정의 유형을 크게 다음의 세 가지로 나누어 설명하고 있습니다. 합리적 유형, 직관적 유형, 의존적 유형이 그것인데, 의사결정의 유형이란 좋고 나쁨이 있는 것이 아니라 특성일 뿐입니다. 대부분 사람들이 옷을 살 때는 의존적 유형으로, 핸드폰을 살 때는 합리적 유형으로, 식사 메뉴를 정할 때는 직관적 유형으로 선택하게 되는 것처럼 한 사람이 세 가지 유형을 모두 구사할 수도 있습니다. 그러나 우리 삶의 가장 중요한 부분을 차지하는 직업만큼은 합리적이고 올바른 선택이 이루어질 수 있도록 해야겠죠?

〈합리적 유형〉

- 의사결정을 할 때 논리적이고 체계적으로 접근하는 유형입니다.
- 결정을 내리기 위해 자신과 상황에 대해 관련 정보를 수집하고, 이전의 결정을 검토해 보기도 하며 현재 자신의 결정이 미칠 영향에 대해서도 미리 생각해 봅니다.

장점	단점
합리적, 객관적, 체계적으로 의사결정을 하므로 심리적 독립과 성장에 도움이 됩니다. 잘못하거나 실패할 확률이 낮습니다.	결정을 내리기까지 여러 가지 준비가 필요하므로 시간과 노력이 듭니다.

- 논리적으로는 명확하게 설명되지 않지만 과거의 경험이 무의식적으로 작용해서 나타나는 것이 직관입니다.
- 의사결정을 할 때 자신과 상황에 대해 감정적으로 평가하는 유형입니다.
- 감정적 상태에 의존하는 유형으로, 객관적 논리적 사실에 의해 결정 내리기보다는 환상이나 느낌을 중시합니다.

장점	단점
결정을 내리는 데 감정 상태에 주로 의존하기 때문에 선택이 비교적 빨리 이루어지며, 신속한 판단을 내려야 할 때는 강력한 힘을 발휘합니다.	감정적으로 결정하기 때문에 잘못하거나 실패할 확률이 높습니다.

- 사회적으로 인정받으려 하는 경향이 있기 때문에 의사결정을 할 때 자신의 판단과 결단에 의존하기보다는 다른 사람들의 생각, 인정을 중시하여 결정을 내립니다.

장점	단점
생소한 분야에 대한 정보가 부족한 경우 결정을 내릴 때 타인의 조언을 수용적으로 받아들입니다. 예) 고가의 물건을 구매할 때 이미 사용해 본 사람의 의견을 들어 보는 경우	의사결정을 내려야 할 때 정서적으로 약간의 불안을 느낄 수 있습니다. 남의 눈치를 보기 때문에 소신 있게 일을 처리하지 못하며, 개인적인 독립이나 성숙에 장애가 될 수 있습니다.

[보물지도] 의사결정

Ⅰ. 길을 걷는다.
    크고 깊은 구멍이 뚫려 있다.
    그 속에 떨어진다.
    난 어쩔 줄 모른다.
    빠져나갈 수 없다.
    내 잘못이 아니다.
    나가는 길은 영원히 찾을 수 없다.

Ⅱ. 똑같은 길을 걷는다.
    크고 깊은 구멍이 뚫려 있다.
    못 본 척한다.
    다시 그 속에 떨어진다.
    하지만 내 잘못이 아니다.
    나가는 길을 찾는 데 꽤 오랜 시간이 걸린다.

Ⅲ. 똑같은 길을 걷는다.
    크고 깊은 구멍이 뚫려 있다.
    그것을 본다.
    보고도 그 속에 떨어진다.
    습관이다.
    눈은 뜨고 있다.
    어디에 있는지도 알고 있다.
    내 잘못이다.
    재빨리 빠져나온다.

Ⅳ. 똑같은 길을 걷는다.
    크고 깊은 구멍이 뚫려 있다.
    휘돌아간다.

Ⅴ. 다른 길을 걷는다.

2. 의사결정과정 연습하기

> **인생은 초콜릿 상자에 있는 초콜릿과 같다.**
> **어떤 초콜릿을 선택하느냐에 따라 맛이 달라지듯,**
> **우리의 인생도 어떻게 선택하느냐에 따라**
> **인생의 결과도 달라질 수 있다.**
>
> −작자 미상−

당신은 다음과 같은 상황에 처한다면 가장 먼저 어떤 물품을 가지고 탈출할 것인가?

비행기가 아프리카의 사막 위를 비행하던 중 사막에 불시착, 때는 8월 중순 오전 10시경, 조종사는 사망, 현재 위치 확인 불가, 현재 위치에서 남쪽으로 112km 떨어진 곳에 광산촌이 있고, 비행기 위치는 예정 항로로부터 104km 벗어나 있습니다. 비행기가 불시착한 광산촌 이외에는 더 가까운 인가가 없습니다. 이 경비행기는 조종사가 육안으로 시계를 보면서 비행하는 기종으로, 정해진 시간에 목적지에 도착하지 못하게 되면 그로부터 몇 시간 이내에 구조와 수색이 시작됩니다. 비행기가 불시착한 곳은 매우 평평하며 선인장들이 드문드문 있는 것 이외에는 거칠고 메마른 것처럼 보입니다.

경비행기는 화염에 휩싸이기 시작했고, 비행기 안에는 모두 15가지의 물품(화장용 거울, 한 사람당 하나씩 배당될 수 있는 양의 두꺼운 옷, 한 사람당 한 병씩 배당될 수 있는 물이 가득한 1ℓ들이 물통, 손전등, 적색과 흰색의 낙하산 한 벌, 잭나이프, 합성수지로 만든 커다란 우의, 총알이 장전된 45구경 권총, 선글라스, 붕대 한 상자, 자석으로 된 나침반, 주변지역에 대한 항공지도, '사막의 식용동물'이라는 책, 2ℓ들이의 독한 보드카 한 병, 1,000개의 정제염이 든 병이 남아 있습니다. 비행기가 불타 버리기 전에 생존에 영향을 줄 수 있을지도 모르는 이 물건들을 가지고 탈출해야만 합니다. 몇 가지 물건을 챙겨 가지고 나갈 수 있을지 모르는 다급한 상황에서 당신은 무엇을 가장 먼저 가지고 나갈 것입니까?

전문가들은 광산촌으로 이동하는 것은 불가능하므로 구조를 기다려야 한다고 조언합니다. 그러므로 첫째, 구조대원에게 신호할 수 있는 물건이 가장 중요하고 둘째, 구조되기 전까지 살아 있기 위해 탈수를 막고 몸을 보온할 수 있는 물건이 필요합니다.

그래서 가장 합리적인 선택은 '화장용 거울'이겠지요? 만약 광산촌으로 이동하는 것이 더 나은 방법이었다면 가장 합리적인 선택은 '지도'였을 것입니다. 광산촌으로 이동하는 데 중요한 물건과 구조대원을 기다리는 데 중요한 물건은 분명 다릅니다. 이는 합리적으로 의사결정을 하기 위해서는 반드시 목표를 명확히 해야 한다는 것을 의미합니다.

# 생일 선물 선택하기

부모님께서는 나의 생일선물을 직접 선택하라고 하셨다.

사고 싶은 물건이 너무 많다.

후회하지 않으려면 무엇을 사야 할까?

순간의 선택이 1년을 좌우한다.

왜냐하면 내년 생일을 또 기다려야 하니까 …….

○ 조건 1. 생일선물을 20만 원 이내에서 선택해야 한다.

○ 조건 2. 갖고 싶은 물건 3가지를 먼저 선택한다.

○ 조건 3. 3가지 물건 가운데 아래의 방법으로 최종 1가지를 선택한다.

>>> 각 비교항목은 여러분이 더 첨가할 수 있으며, 1~10점으로 점수를 준다. 각 항목에 따라 점수를 주고, 전체 점수를 계산한다.

목록 비교 항목	갖고 싶은 물건		
	1	2	3
지금 나에게 꼭 필요한가?			
그 물건이 나에게 얼마나 오랫동안 만족을 줄 것인가?			
나와 가족에게 유익한 물건인가?			
유지비가 적절한가?			
최종점수			

보물찾기 TIP

합리적인 의사결정을 하도록 돕는 활동입니다. 되도록 여러 가지를 함께 고려해서 결정하게 될 때 실수나 후회를 줄일 수 있습니다.

3. 합리적 의사결정 방법

> **무엇을 생각하고 어떻게 느끼는가는
> 자기 스스로 결정하는 것이다.
> 결국 인생은 자기 자신의 몫이다.**
>
> —미리엄 레빗—

의사결정과정에서 가장 먼저 할 일은 목적의식을 분명히 하는 것입니다. 우리가 어떤 결정을 내릴 때는 먼저 '내가 지금 이것을 결정해야 하는가? 이런 결정이 나에게 어떤 점에서 중요한가? 이 결정을 통해 내가 얻고자 하는 것이 무엇인가?' 하는 목적의식을 명확히 하는 것이 가장 중요합니다.

그다음은 관련 정보를 수집하는 것입니다. 예를 들어, 직업을 선택하는 경우라면, 직업의 종류에 대해 알아보는 것, 각 직업의 보수, 자격요건, 근무환경 등에 대해 알아보는 것, 내가 도움을 청할 사람이 누구인가를 찾아보는 것 등이 있을 것입니다.

정보를 얻었으면 그것을 표로 정리하여 비교, 평가해 봅니다. 옷이나 신발을 살 때, 색상, 디자인, 가격, 상표 등을 비교하는 것처럼 머릿속으로만 생각하기보다, 표로 정리해 보면 생각을 정리하고 명료화하는 데 도움이 될 것입니다.

대안들을 비교해 보았다면, 그다음으로는 잠정적인 선택을 합니다. 어느 시점에서든 마음에 100% 들기란 어렵기 때문에 일단 50% 정도만 마음에 들면 그것을 선택해서 경험해 보는 것도 중요합니다. 일을 해 보면서 자신에 대해 더 많은 이해를 할 수 있고, 일에 대해서도 배울 수 있기 때문입니다. 만약, 정보를 더 수집하거나 깊이 생각해 보아도 그 선택이 마음에 든다면 그것을 선택하는 것이고, 마음에 들지 않으면 다시 정보를 얻고 비교 평가하는 과정을 거치게 되는 것입니다.

이러한 방법으로의 선택이 곧 최선의 선택일 수는 없겠지만, 좀 더 후회 없는, 실패를 줄이는, 신중한 선택을 하는 데는 도움이 될 수 있다고 확신합니다.

 # 생일 선물 선택하기

>>> 다음은 합리적 의사결정을 도와주는 과정입니다.

1. 목적의식의 명료화

↓

2. 관련정보 수집

↓

3. 선택할 수 있는 대안의 열거

↓

4. 대안의 비교 및 평가

↓

5. 의사 결정

↓

6. 평가 및 재투입의 과정

 **보물찾기 TIP**

1. 1~5단계를 거쳐 의사결정을 한 후 만족하지 못한 경우에는 2, 3, 4, 5의 과정을 반복하여 최종 결정을 내립니다. 꼭 2단계에서 할 필요가 없으며, 보완이 필요하다고 생각되는 단계에서 다시 시작하면 됩니다.
2. 만약, 목적의식에 변화가 생겼을 경우에는 1단계인 목적의식 명료화부터 진행해야 합니다.

 # 합리적 직업선택을 위한 비교표

>>> 자신이 현재 염두에 두고 있는 직업을 적어보고 각각에 대해 비교해 봅시다.

☞ 각 비교 항목은 개인이 더 첨가할 수 있으며, 여러분이 생각하는 해당 정도에 따라 1점부터 5점까지의 점수를 매겨 봅니다. 각 희망직업마다 비교항목의 점수를 세로로 합산하여 합계 점수를 보고 진로선택 시 참고로 활용할 수 있습니다.

비교 항목 \ 희망 직업	1.________	2.________	3.________	4.________
가치관				
흥미				
신체 조건				
경제 여건				
학업 성취				
현실 가능성				
성격				
적성				
기타				
최종 점수				

보물찾기 TIP

이 활동을 통해 직업선택을 완벽하게 할 수는 없지만, 관심이 가는 직업 3~4가지 중에서 어느 직업이 여러분에게 보다 적합한지를 판단하는 데 도움이 될 수 있습니다. 비교항목 가운데 여러분이 특별히 중요하다고 생각하는 항목에 대해서는 '점수×2'를 해서 합산할 수도 있습니다. 단, 합계점수가 높다고 해서 여러분에게 더욱 적합하다는 의미는 아니며, 여러분의 직업선택에 도움이 되는 보물지도라고만 생각하시기 바랍니다.

 # 직업선택을 위한 의사결정 연습

》》 앞에서 결정된 1순위와 2순위 직업에 대하여 다음을 비교해 봅시다.

　　단, 인터넷 정보 검색, 선생님, 부모님 의견 등 다양한 방법을 활용하세요.

비교 항목 ＼ 직업	희망 직업 1.＿＿＿＿＿＿＿	희망 직업 2.＿＿＿＿＿＿＿	비교 결과
보수			
근무 조건			
성공 가능성			
다른 역할과의 조화 (종교, 가정, 친구 등)			
채용 동향			
미래에 유망한가?			
기타 : ＿＿＿＿＿＿＿			
기타 : ＿＿＿＿＿＿＿			
비교 결과를 토대로 한 최종 선택			

보물찾기 TIP

이 활동을 통해 2가지 직업에 대해 보다 구체적으로 탐색을 해보고 관심분야나 관심직업을 줄일 수 있습니다.

# 현실과 이상의 타협점 찾기

>>> 여러분의 의사결정 방법을 통해서 잠정적으로 결정한 희망 직업을 좀 더 자세하게 탐색해 보는 활동입니다. 그 직업을 선택하기 위해 갖추어야 할 조건과 바람직한 상태를 생각해 보고, 그 조건에 현재 여러분의 상태가 어느 정도 부합되는지를 생각해 보세요. 만약, 바람직한 상태와 여러분의 상태에 차이가 있다면, 어떤 노력으로 그 차이를 좁힐 수 있는지 생각해 봅시다.

희망 직업 :

앞으로 갖추어야 할 조건	바람직한 나의 상태	현재 나의 상태	차이를 좁히기 위한 나의 노력
학업은 언제까지 해야 하나요?			
필요한 자격증은 어떤 것이 있나요?			
신체조건, 건강은 괜찮은가요?			
필요한 돈은 어떻게 마련할 것인가요?			

보물찾기 TIP

이 활동을 통해 이전에 탐색해서 잠정적으로 결정한 희망직업에 대한 보다 구체적이고 꼼꼼한 탐색을 할 수 있습니다.

 진로계획

1. 진로계획 세우기

> 꿈을 날짜와 함께 적어 놓으면 그것은 목표가 되고,
> 목표를 잘게 나누면 그것은 계획이 되며,
> 그 계획을 실행에 옮기면 꿈은 실현되는 것이다.
>
> -그레그 레이드 "10년 후" 중에서-

1953년 예일대학교의 한 연구팀이 그해 졸업반 학생들을 대상으로 분명한 삶의 목표를 글로 써서 가지고 있는 학생이 얼마나 되는지를 조사했는데, 그들 중 단 3%의 학생들만 글로 쓴 목표를 갖고 있었다고 합니다. 20년이 지난 1973년에 이들을 대상으로 추적조사를 한 결과, 글로 쓴 목표를 가지고 있었던 3%의 사람들이 소유한 부는 나머지 97%의 사람들 모두의 재산을 합친 것보다 더 많다는 사실이 확인되었다고 합니다. 하버드대학교의 연구결과도 이와 유사했는데, 80%의 학생들은 특별한 목표가 없었고, 15%는 단지 생각만으로 목표를 가지고 있었으며, 나머지 5%는 글로 적은 뚜렷한 목표를 가지고 있었답니다. 후에 그 5%에 속하는 학생 각자가 이룬 성과를 보았더니 그들 스스로 정한 목표를 능가했을 뿐 아니라, 그들이 이룬 것을 전체적으로 보았을 때 나머지 95%를 합친 것보다 더 큰 성과를 이룬 것으로 나타났다고 합니다(이민규, 2005).

초등학생들은 방학 때면 어김없이 하루 일과표를 책상 앞에 붙여 놓습니다. 새해 첫날 금연을 선언한 아버지는 거실 한쪽에 큼지막한 글씨로 '금연'이라고 써 붙여 놓으시죠. 나의 진로목표도 마찬가지입니다. 머릿속으로만, 생각으로만, 꿈을 꾼다면 실현가능성은 훨씬 줄어듭니다. 글로 쓴 목표를 가지고 있는 여러분은 그 꿈 가까이에 이미 다가선 것이죠.

 # 꿈을 이루기 위한 셀프 코칭

>>> 여러분의 꿈을 이루기 위해서 셀프 코칭을 해봅시다.

아래의 지시문에 따라 한 칸 한 칸 구체적으로 채워 보세요.

	항목		꿈을 이루기 위한 나의 노력
1	내가 이루고 싶은 꿈 또는 꼭 되고 싶은 직업은?		
2	나는 그 꿈을 이루기 위해 (직업을 가지기 위해) 어떤 단계를 밟아가야 할까? (봉사, 진학, 취업……)		
3	나의 꿈을 이루기 위해 (직업을 가지기 위해) 어떤 계획을 세워야 할까?		
4	내가 계획을 세워 실행하는 데 방해가 되는 것은 무엇일까? (성격, 가정형편, 신체조건 등)		
5	걸림돌(장애요소)을 해결할 수 있는 방법은?		
6	목표에 도달하기 위해 실행력을 높일 수 있는 힘이 되는 표현들을 구체적으로 써보기	인정하는 말	
		격려하는 말	
		실천과정에서 힘이 되는 말	
7	위에 쓴 내용을 요약한다면?		

 **보물찾기 TIP**

꿈을 이루기 위해서는 이렇게 구체적인 고민과 기록이 필요합니다.
적자생존! 적는 자(기록한 자)만이 살아남는다!!!

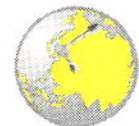 # 활동목표 및 계획수립

>>> 자신의 장·단기적인 목표 수립 및 수립된 목표를 체계적으로 실천하기 위한 계획을 작성해 보는 활동입니다. 이 활동을 통해 전반적인 생애설계를 해 볼 수 있으며 자신의 역량을 강화하기 필요한 부분을 확인해 볼 수 있습니다.

	목표 기간	계획
장기 (10년 ~ 20년)	나는 앞으로 10년 ~ 20년 후에 _________________이 되어 있을 것이다.	
중기 (3년 ~ 5년)	이를 위해 앞으로 3년 ~ 5년 후에 ________________을 하고 싶다.	
단기 (3개월 ~ 1년)		나는 앞의 계획을 달성하기 위해 앞으로 1년간 ________________________ 활동을 행동에 옮기겠다.
일상 (1일 ~ 1주일)		이를 위해서 매일 ________________________를 하겠다.

🔍 **보물찾기 TIP**

이렇게 꿈을 날짜와 함께 기록하면, 목표가 되고. 목표를 잘게 나누면 계획이 됩니다. 그 계획을 실행에 옮기면 그 꿈이 이루어지는 것입니다.
여러분의 꿈을 구체적으로 기록해 보세요.

Ⅴ. 나오기

01 내 인생의 길잡이

무한 경쟁 시대인 현대에는 언제나 치열한
경쟁을 벌일 준비가 되어 있는 인재는
커다란 기회를 잡을 수 있지만,
그렇지 못한 사람은 일자리조차
구하지 못할 수도 있습니다.
철저한 준비만이 자신의 능력을 제대로 발휘하고
끝까지 살아남아 성공에 이를 수 있는 길을
안내해 줄 것입니다.

-공병호-

사하라 사막의 한 작은 마을은 레빈이라는 사람에 의해 발견되었습니다. 그곳 사람들은 사막을 떠나고 싶어도 떠날 수가 없었습니다. 레빈은 사람들이 왜 마을을 한 번도 벗어나 보지 못했는지 궁금해서 원주민 한 사람에게 마을을 벗어나 보라고 지시하고 그를 따라갔습니다. 그 원주민은 11일 내내 계속해서 걸었으나 마을을 벗어나지 못하고 마을로 다시 돌아왔습니다. 레빈은 그 이유가 마을 원주민들이 북극성을 잘 알지 못하기 때문이라는 사실을 알았습니다. 그 후 이전에 함께 갔던 그 원주민에게 북극성을 따라가면 마을을 벗어날 수 있을 것이라는 사실을 알려 주고 따라갔습니다. 그 원주민은 결국 마을을 벗어날 수 있었고, 훗날 사막의 개척자가 되었습니다. 사막의 개척지 중심에 그의 동상이 세워졌는데, 그 동상 아래에는 '새로운 인생은 방향을 찾으면서 시작된다.' 라고 새겨져 있습니다.

이처럼 우리의 삶에는 북극성과 같은 인생의 길잡이가 필요합니다. 여러분의 꿈을 이루기 위해서는 여러분 인생의 북극성인 '삶의 목적' 이 필요합니다. 99%의 사람은 현재를 보면서 미래를 예측하지만, 1%의 사람은 미래모습을 생각하면서 오늘을 살아간다고 합니다. 보다 나은 삶을 위해서 여러분의 미래모습을 상상해 보세요. 여러분이 바라는 대로 이루어집니다. 잊지 마세요.

나의 미래 명함 만들기

아래의 명함 예시를 참고로 하여, 여러분 미래의 명함을 멋지게 만들어 보세요.

아트 플라워
1588-xxxx
플로리스트 장 미
부케, 꽃꽂이, 파티장식 전문
H.P: 010-0x00-3333
e-mail: abcd123@???.co.kr

이 활동을 통해 여러분의 꿈이 이루어질 것을 상상하며, 여러분의 꿈은 더욱 구체화될 것입니다.

> 사람들은 자신이 할 수 있다고 믿기 시작할 때
> 매우 탁월해지기 시작한다.
> 자기 자신을 믿을 때 성공을 위한
> 첫 번째 비결을 손에 넣은 것이다.
>
> —노먼 빈센트 필—

사람은 직업이란 옷을 입고 살아간다고 합니다. 직업은 자신이 원하든지 원하지 않든지 한 사람의 인생의 길을 결정짓습니다. 여러분은 20년 후 어떤 직업의 옷을 입고 살아가고 싶습니까? 여러분이 상상하는 모습이 이루어질 수 있을 것이라고 믿으세요. 소망하면 이루어집니다. 성공이란 녀석은 간절히 바라면 여러분 앞에 나타나지만, 그렇지 않으면 도망갈 것입니다. 여러분 앞에 놓인 모든 것은 그 소망을 이룰 수 있는 도구입니다. 지금 힘들더라도 그것을 현명하게 잘 견뎌 내면 여러분의 꿈은 실현될 수 있습니다.

무지개를 보려면 비를 먼저 견뎌야 합니다. 여러분 앞에서 힘차게 끌어당기고 있는 꿈이라는 자석을 믿고 나아가세요. 꿈을 이루기 위해 작은 것부터 하나하나 이루어 나가는 것! 그것은 여러분의 사명입니다.

나의 사명서

》》 지금까지 생각해 본 여러분의 '삶과 직업', '자기이해', '직업세계 이해', '의사결정' 등을 바탕으로 나의 사명서를 작성해 봅니다. 되도록 구체적으로 작성하고, 계속해서 업그레이드 시켜 보세요. 여러분의 꿈이 시각화되고, 시각화된 꿈은 이루어질 것입니다.

1. 나는   한 삶을 살기 위해 날마다 노력하겠다.

2. 나는 내가 가진

①

②

③   을 잘 활용해서

3. 나의 삶의 목적인   한 삶을 꼭 이루고 싶다.

20   년   월   일

성명______________ (서명)

[보물지도] 피그말리온 효과

피그말리온은 여성에게서 너무 많은 결점을 보고 여성을 혐오하고 평생을 독신으로 지내려고 마음먹은 조각가입니다. 그는 상아로 아름다운 여성상을 조각하게 되었습니다. 그 조각상은 살아 있는 여성에 비교할 수 없을 정도로 완벽했습니다. 자신의 작품에 개우 흡족해했으며, 급기야는 조각상과 사랑에 빠지게 되었습니다. 가끔씩은 살아 있다고 여겨질 정도로 아름다워 손을 대 보고, 안아 보기도 하였으며, 멋진 선물을 주기도 하였습니다. 조각상에 아름다운 옷을 입히기도 했으며, 목에는 진주목걸이를 채워 주고, 손가락에 반지를 끼워 주었습니다. 조각가는 자신이 조각한 조각상이 아내였으면 좋겠다고 생각했습니다.

어느 날 피그말리온은 신에게 자신이 조각상과 같이 아름다운 여인을 아내로 맞이하게 해 달라고 빌었습니다. 집으로 돌아온 그는 소파에 누워 있는 조각상을 보고 깜짝 놀랐습니다. 마치 살아 있는 것처럼, 생기가 도는 것처럼 느껴져 손을 잡아 보았습니다. 조각상의 손이 너무나 따뜻하고 부드러워 착각이 아닐까 의심스러울 정도였습니다. 조각상은 수줍은 미소를 지으며 움직이기 시작했습니다. 마침내 피그말리온의 소원이 이루어진 것입니다.

위의 이야기는 그리스신화에서 나오는 주인공의 이름입니다. 심리학에서는 "아주 간절히 원하면 그것을 이루기 위한 노력을 하게 되고, 결국 그대로 이루어지게 된다."는 효과를 '피그말리온 효과' 라고 부릅니다. 여러분도 하고자 하는 일이 있다면, 간절히 원해 보세요. 그대로 이루어질 수 있습니다.

〈부록1〉 직업정보 검색

- 국가운영 직업정보 제공 사이트

- 관심 직업 목록

- 주위 사람들이 추천하는 직업 목록

- 직업정보 탐색

- 자격정보 탐색

- 학과정보 탐색

- 톡톡 튀는 이색학과!
  눈길 끄는 이색직업!

국가운영 직업정보 제공 사이트

청소년 워크넷(한국고용정보원)
http://youth.work.go.kr

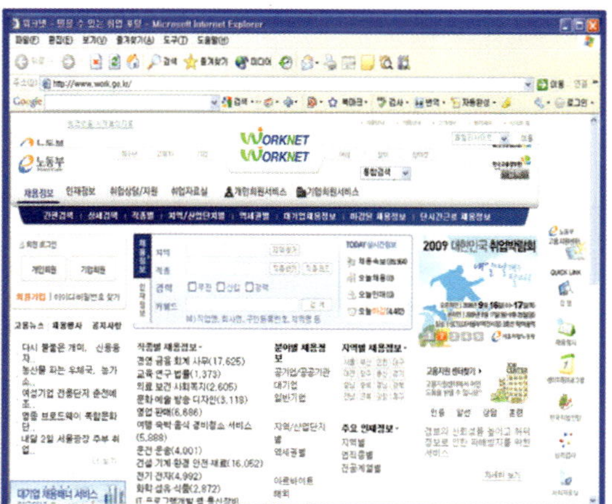

노동부 워크넷(한국고용정보원)
http://www.work.go.kr

커리어넷(한국직업능력개발원)
http://careernet.re.kr

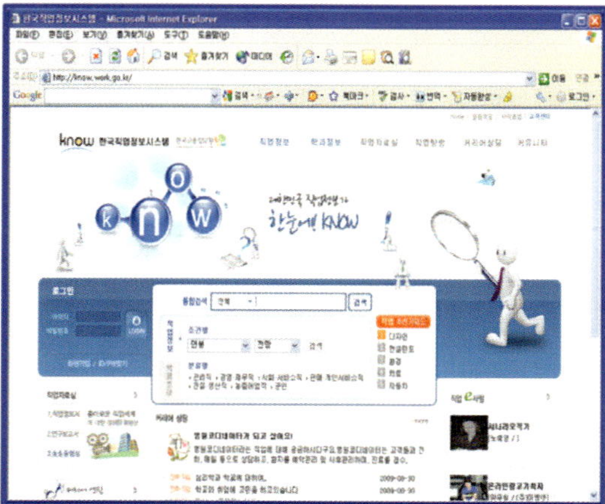

Know한국직업정보시스템(한국고용정보원)
http://know.work.go.kr

 # 관심 직업 목록

관심이 가는 직업을 그 이유와 함께 적어 보세요.

관심 직업 :

관심 이유 :

관심 직업 :

관심 이유 :

관심 직업 :

관심 이유 :

관심 직업 :

관심 이유 :

관심 직업 :

관심 이유 :

관심 직업 :

관심 이유 :

# 주위 사람들이 추천하는 직업 목록

관심이 가는 직업을 그 이유와 함께 적어 보세요.

직업명 :

추천자(본인과의 관계) :

추천 이유 :

직업명 :

추천자(본인과의 관계) :

추천 이유 :

직업명 :

추천자(본인과의 관계) :

추천 이유 :

직업명 :

추천자(본인과의 관계) :

추천 이유 :

직업명 :

추천자(본인과의 관계) :

추천 이유 :

직업명 :

추천자(본인과의 관계) :

추천 이유 :

 직업정보 탐색

관심이 가는 직업에 대해 적어 보세요.

한국직업정보시스템(http://know.work.go.kr)을 참고하여 적어 보세요.

직업명			
하는 일 (해당 직업에 종사하는 사람들의 주된 일의 내용)			
요구되는 특성	능력 및 지식		
	성격 및 흥미		
	학력	학력수준:	전공학과:
근무환경			
되는 길	교육훈련		
	관련자격		
필요한 자격이나 학력, 조건 등 취득 후 취업가능성	① 매우 쉽다 ② 쉽다 ③ 보통이다 ④ 어렵다 ⑤ 매우 어렵다 (최근 2~3년간 취업경쟁률을 고려하여 작성)		
경제적 소득	수련기간 (견습/실습)	(월평균 만 원)	
	초봉	(월평균 만 원)	
	10년 경력	(월평균 만 원)	
향후 전망	① 매우 밝다 ② 밝다 ③ 보통이다 ④ 어둡다 ⑤ 매우 어둡다		

자격정보 탐색

자격은 개인이 가지고 있는 능력을 객관적으로 증명해 주는 수단이며, 직업에 따라 반드시 관련 자격을 요구하기도 합니다. 따라서 관심 있는 직업분야에서 필요로 하는 자격을 갖추기 위해 요구되는 자격관련 정보에 대하여 Q-Net(http://www. q-net.or.kr)을 참조하여 알아보세요.

작업증명			
자격증 개요			
자격 구분	국가 자격 ( ) 민간 자격 ( )	시행기관	
응시 자격			
취득 방법	(교육이수, 자격시험 등)		
시험일			
시험과목	교육이수(과목)		
	자격 시험 (과목)	1차(필기)	
		2차(실기)	
수행 직무			
관련 직업			
진로 및 전망			

 학과정보 탐색

전공은 어느 한 분야를 전문적으로 연구하는 것으로 직업에 따라 반드시 관련학과 졸업자를 요구하기도 합니다. 관심 있는 직업분야에서 필요로 하는 전공자격을 갖추기 위해 요구되는 학과관련 정보에 대하여 한국직업정보시스템(http://know. work.go.kr/know/)을 참조하여 알아보세요.

학과명	
학과 개요	
학과 영역	
주요 교과목	
개설 대학	
적성 및 흥미	
취득 자격	
진출 분야	
관련 직업	
기타(취업률 등)	

 # 톡톡 튀는 이색학과! 눈길 끄는 이색직업!

분야	수록학과	대학명	진출직업
식품, 보건 의료 및 웰빙	웰빙테라피과	서라벌대학	스파매니저
	트리콜로지&헤어과	수원여자대학	두피모발사
	다이어트정보과	경민대학	다이어트프로그래머
	병원코디네이터과	순천제일대학	병원코디네이터
	실버케어복지과	재능대학	사회복지사
	장례복지과	동부사나대학 창원전문대학	장례지도사
	국제소믈리에과	마산대학	소믈리에
	보건허브과	대구과학대학	아로마테라피스트
	커피바리스타전공	백석문화대학 나주대학	바리스타
정보통신 및 스포츠	로봇테크전공	동의과학대학	로봇공학기술자
	모바일게임과	공주영상대학	모바일게임QA전문가
	유비쿼터스정보응용전공	안양과학대학	모바일커스터머서포트엔지니어
	시계주얼리과	동서울대학	시계부품개발자
	자동차모터스포츠과	아주자동차대학 가톨릭상지대학	자동차경주선수(카레이서)
	레이싱모델전공	아주자동차대학	레이싱모델
	골프학과	호서대학교 용인대학교	프로골퍼
	요가치유학과	호원대학교	요가강사
	이종격투기전공	경북과학대학	이종격투기선수
	승마조련전공	동아인재대학	마필관리사
문화예술 및 서비스	컬러리스트전공	용인송담대학 경북과학대학	컬러리스트
	푸드코디네이션과	여주대학	푸드코디네이터
	플로리스트과	부산경상대학 천안연암대학	플로리스트

분야	수록학과	대학명	진출직업
문화예술 및 서비스	화장품향수전공	경북과학대학 동의과학대학	조향사
	호텔카지노과	부산여자대학	카지노딜러
	문화재과	창신대학 경북과학대학	문화재보존전문가
	서비스유통과	대구과학대학	서비스(CS)강사
디자인, 방송 및 이벤트	동물조력이벤트과	대경대학	동물조련사
	마술학과	동아인재대학	마술사
	보석감정딜러&디자인과	부산여자대학	보석감정사
	신발패션산업과	경남정보대학	신발디자이너
	안경디자인과	대구보건대학	안경디자이너
	쇼핑호스트과	공주영상대학	쇼핑호스트
	스타일리스트과	용인송담대학	스타일리스트
	웨딩이벤트과	우송정보대학 대구미래대학 김해대학 구미1대학	웨딩플래너
경영, 금융 및 보안	유통프랜차이즈비즈니스전공	장안대학	창업컨설턴트
	자산운용학과	대구한의대학교	자산운용관리사
	콜마케팅과	부산여자대학 전주기전대학	텔레마케터
	국방과학기술학과	호서대학교	국방과학연구원
	교정보호학전공	경기대학교	보호관찰관

〈한국고용정보원(2008)에서 발행한 '톡톡 튀는 이색학과! 눈길 끄는 이색직업!' 에서 발췌하였음〉

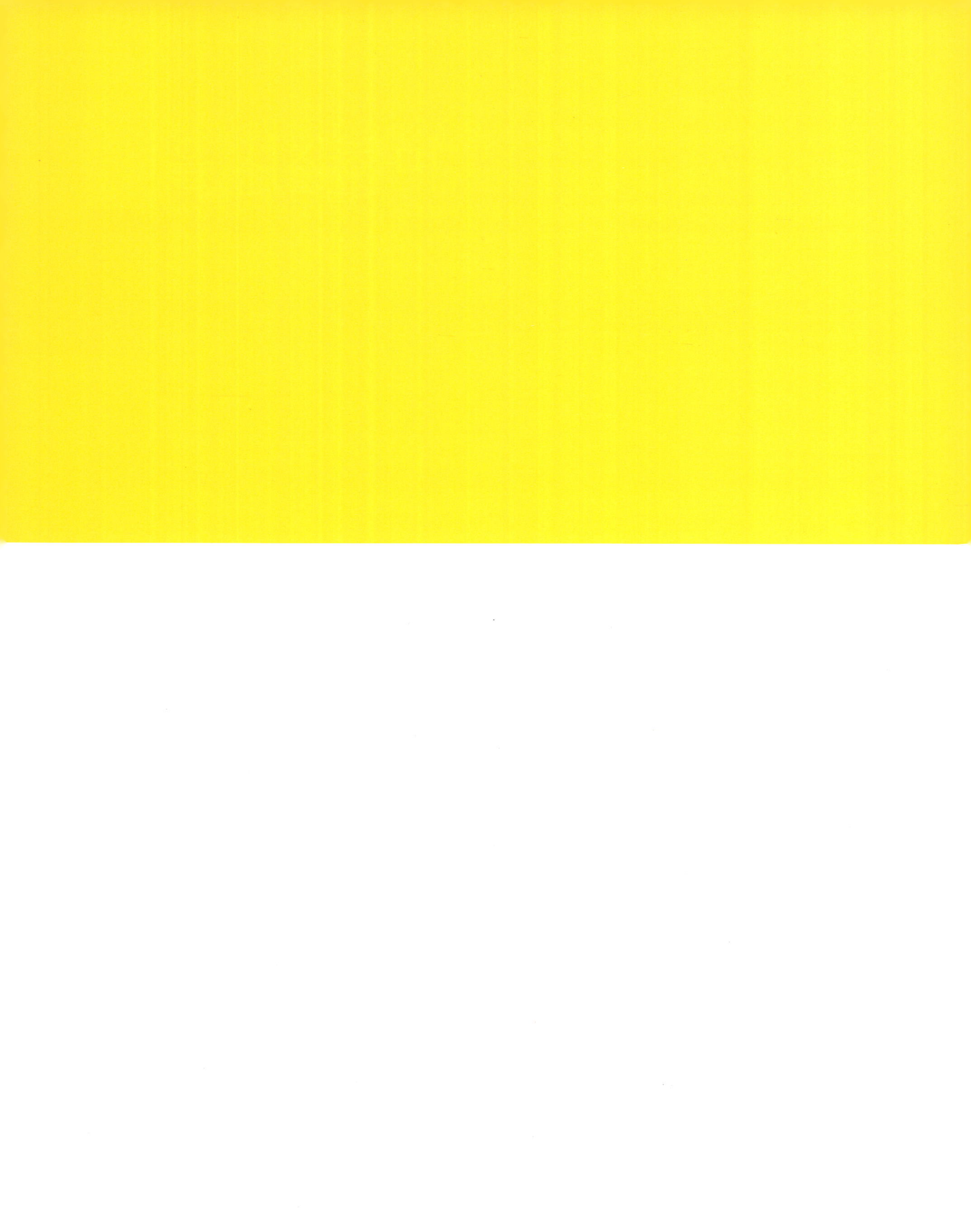

〈부록2〉 학습 전략

- 효과적인 공부 3단계
- 똑똑한 목표 세우기
- 시간관리의 원칙
- 집중력을 높이기 위한 방법
- 수업시간의 적극적 활용 방법
- 효과적인 책읽기
- 기억전략
- 시험 준비방법

효과적인 공부 3단계

1) 공부를 시작하기 전 미리 확인하고 준비해야 할 것들

구분	준비할 것들
1	다음 학기 (성적목표) 기억하기
2	(목표/취약) 과목 결정하기
3	(가용)시간 확인하고 (목표학습) 시간 결정하기
4	(골든타임) 확인하기
5	공부하기 전(시작시간/끝시간/분량) 확인하기
6	(공부환경) 정리하기
7	(코넬) 노트 만들기
8	공부가 끝나고 나서 (하고 싶은 일) 미리 정하기

2) 공부하는 동안 공부의 효율성을 높이려면

구분	효율성 향상 방안
1	본문 읽기 전 (목차), 전체 내용 훑어보기
2	(의문점) 찾기
3	읽으면서 문단의 (핵심단어) 찾기
4	의문점에 대한 (답) 찾기
5	책을 덮고 이해한 내용을 (요약)하기
6	이해되지 않는 부분 따로 표시해서 다음 날 (질문)하기
7	이해하고 암송한 내용을 (요약)하기
8	(문제집) 풀기
9	노트로 (복습)하기

3) 시험과 평가 준비

구분	효율성 향상 방안
1	시험에 대한 (정보) 모으기
2	(분산)학습과 (반복)학습
3	(6 : 3 : 1)의 비율로 시험 계획 세우기
4	코넬 노트로 (예상) 문제 만들기
5	(오답)노트 만들기

똑똑한 목표 세우기

- 목표는 우리에게 삶의 방향을 알게 해 주며, 시간과 에너지를 소중한 것에 사용할 수 있도록 도와준다.
- 모든 목표가 바람직한 것은 아니다. 좋은 목표란, 내 자신의 관심사나 흥미, 재능과 관련이 있어야 한다.
- 목표란 '반드시 이루어야 하는 어떤 것'은 아니며, 나침반과 같이 대략의 인생방향을 잡는 것에서 시작한다.
- 목표는 단계를 가지고 이루어진다. 보통 장기/중기/단기 목표로 구분된다.
- 좋은 목표는 분명하고, 측정이 가능하고, 행동으로 옮길 수 있으며, 현실성을 고려한 것이어야 한다.
- 하루 중 중요한 일에 사용되는 시간은 20%에 지나지 않는다.
- 따라서 일의 중요도와 긴급성을 고려해서 우선순위에 따라 일을 처리하는 것이 좋다.
- 사람들에게는 일을 미루거나 게으르게 만드는 몇 가지 잘못된 사고방식이 있다. 생각도 일종의 습관이기 때문에 더 좋은 생각들을 찾아서 연습할 필요가 있다.

 # 시간관리의 원칙

- 시간은 눈에 보이지 않지만, 돈이나 천연자원과 같은 경제적 가치를 가지고 있다. 하지만 시간이라는 자원은 재생이 불가능하다는 차이점을 가지고 있다.
- 시간을 관리하게 되면, 해보기 전에는 경험할 수 없는 여러 가지 실제적인 장점이 있다.
- 시간관리를 잘 하려면 행동으로 옮길 수 있는 명백한 목표가 있어야 한다.
- 성공적인 시간관리를 위해서는 먼저 현재 자신의 상태를 파악하는 것이 중요하다.
- 우선순위를 고려해서 할 일 목록(To do List)을 만들면, 집중력을 높이는 데 도움이 된다.
- 시간관리는 크게 시간중심 시간표와 과제중심 시간표로 나뉜다.
- 좋은 시간표는 기본적인 활동, 주간목표, 일일목표가 모두 포함되어 있다.
- 하루 일과 중, 적지 않은 토막시간이 있습니다. 토막시간을 요령껏 사용하면 자유시간이 늘어난다.
- 실천력은 의지와 동기에만 좌우되지 않습니다. 효과적인 전략을 개방해야 한다.

 ## 집중력을 높이기 위한 방법

- 내가 자주 공부하는 장소에 내 시선이 계속 빼앗길 만한 물건이 있다면 과감하게 치우거나 버려야 한다. 자꾸만 보고 싶은 연예인 사진 같은 것을 책상 위에 붙여 두고 공부하는 것은…… 백전백패!
- 집중력 최대의 적! 시끄러운 소리는 없애거나 줄일 수 있도록 한다. 우리의 뇌는 두 가지 일을 동시에 하는 것을 싫어한다. 머릿속으로 공부 내용과 소음이 같이 들어가면, 우리의 뇌는 그중 한 가지만 받아들이려고 한다.
- 눈이 금방 피곤해진다면, 아무리 공부할 마음이 있어도 더 공부하기가 힘들다. 따라서 눈이 피곤해지지 않도록 적당한 밝기의 조명 아래에서 공부하는 것이 중요하다.
- 공부에 자주 사용하는 물건들을 잘 정리하여 손이 닿는 곳에 두어야 한다. 풀이나 메모지 등을 꺼내기 위해 의자에서 일어나야 한다면 공부의 집중력은 당연히 깨지게 된다.
- 공부 역시 다른 일처럼 습관을 만들기 나름이다. 책상에서 공부하는 습관이 있는 사람은 책상에 앉자마자 빨리 공부를 시작할 수 있다. 반대로 책상에서 빈둥거리기만 했던 사람은 책상에 앉아도 빈둥거리고 싶을 뿐 공부를 시작하기까지 시간이 오래 걸린다.
- 집중 가능한 시간은 대략 40~50분이다. 공부 사이에 10분 정도의 휴식은 집중력을 유지하는 데 도움을 준다.

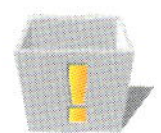 # 수업시간의 적극적 활용 방법

- 수업을 열심히 들어야 하는 이유는 모두 세 가지로, 하루 중 가장 많은 시간을 학교에서 보내기 때문이다. 그리고 혼자서 공부하는 것보다는 선생님의 설명을 들으면 훨씬 더 빨리 이해할 수 있고 또한 확실한 이해와 반복이 가능하기 때문이다.
- 효과적인 수업 듣기는 '수업 전, 수업 중, 수업 후'로 만들어진 수업 듣기의 삼각형으로 이루어진다.
- 수업을 듣기 전에는 예습하기 및 질문 만들기, 주변 정리하기와 같이 준비되어야 할 세 가지가 있다.
- 수업 중에 집중을 잘 하기 위해서는 구체적인 행동 전략을 사용하는 것과 동시에 노트 필기를 하는 것이 도움이 된다.
- 수업 후에는 빠른 시간 안에 복습을 하는 것이 기억력에 도움을 준다.

 # 효과적인 책읽기

- 책을 읽기 전에는 '왜 무슨 목적으로 이 책을 읽지?'에 대해서 먼저 생각해 보아야 한다.
- 책을 읽는 것에는 몇 가지의 단계가 있고, 각각의 단계에서 해야 할 일은 조금씩 다르다.
- 책의 종류에 따라 책 읽는 방법은 다를 수 있다.
- 효과적인 책읽기란, 방대한 양의 책을 모두 읽고 그 내용을 기억하는 것이 아니라, 전체적인 흐름을 이해하면서 읽고 또 많은 내용들 중에서 가장 중요한 내용을 찾아서 읽는 것이다.
- 더욱 깊이 있는 책읽기란, 책에서 알게 된 내용과 자신이 이미 알고 있는 지식 및 경험들을 연결시켜서 이해하는 것이다.

 기억전략

- 분명히 봤던 것이 기억나지 않는 것은 머리가 나빠서가 아니라 당연한 결과이다.
- 우리의 머릿속에 저장된 정보는 빠른 속도로 사라진다. 따라서 효과적인 기억하기 전략을 사용하는 것이 중요하다.
- 기억을 잘 하기 위한 원칙은 정확한 이해와 똑똑한 반복 두 가지이다.
- 기억하기에 좋은 전략인 암송을 할 때에는 플래시 카드와 노트를 사용할 수 있다.
- 복습은 수업 후 1시간 이내에, 24시간 이내에 하는 것이 가장 좋다.
- 정말 외워지지 않는 것이 있을 때는 기억술을 사용한다.
- 여러 번 충분히 반복하게 되면 아무리 긴장이 되는 상황에서도 기억이 잘 나게 된다.

 시험 준비방법

- 시험에 대한 정보를 많이 알고, 공부할 때는 질문을 만들어 보고 그에 대한 답을 찾는 것이 시험을 대비하는 효과적인 방법이다.
- 시험계획을 세울 때는 반복학습과 분산학습의 전략을 사용한다.
- 시험계획은 3주 정도 전에 미리 체계적으로 세우는 것이 효과적이다.
- 시험을 볼 때, 주의해야 할 점들을 숙지한다.
- 시험을 보고 나서는 오답노트를 만들어 다음 시험을 대비한다.
- 시험불안을 이기기 위해서는 시험에 대해서 긍정적인 생각을 해야 한다.
- 심호흡을 하고, 미리 체계적인 공부계획을 세우는 것과 같은 행동은 시험에 대한 불안함을 줄일 수 있다.

참고문헌

김숙희(2005), 이젠 이야기로 가르쳐라, 꿈이 있는 세상
공병호(2005), 성공을 꿈꾸는 10대들의 위대한 준비, 랜덤하우스중앙
그레그 S. 레이드(2004), 10년 후, 해바라기
박성철(2006), 희망도토리, 샘터사
삼성생명공익재단사회정신건강연구소(2006), 내 꿈은 내가 만든다
이민규(2005), 끌리는 사람은 1%가 다르다, 더난출판
이기대(2004), 스무살 직업을 생각할 나이, 미래의 창
차동엽(2007), 무지개원리, 위즈앤비즈
하루야마 시게오(1996), 뇌내혁명, 사람과 책
한국고용정보원(2006), 고등학생용 진로지도 프로그램
한국고용정보원(2009), 세계의 별난 직업을 소개합니다
한국고용정보원(2009), 신생직업과 이색직업
한국고용정보원(2006), 중학생용 진로지도 프로그램
한국고용정보원(2008), 직업지도프로그램 CAP+
한국고용정보원(2008), 커리나비 진행 매뉴얼
한국고용정보원(2008), 톡톡튀는 이색학과! 눈길끄는 이색직업!
한국고용정보원(2008). 커리나비 진행 매뉴얼
한국고용정보원(2009), 한국직업전망서
Harren, V. A(1979), A model of career decision making for college Students, Journal
of vocational behavior, 14(2), 119−133

신문기사

동아닷컴, 2009. 7. 24, 초중고 엄친아들의 방학생활
매일경제, 2007. 10. 10, 아나운서 · 공무원 …… 최악의 미래 직업
서울신문, 2009. 8. 25, 90세 노인, 英최고령 발레리노 데뷔
한겨레신문, 2007. 9. 28, 총 맞은 나가이의 손은 카메라 움켜쥐었다
한국경제, 2010. 5. 14, 대학생, 존경하는 직업 1위는 'CEO'

참고사이트

Psychological Assessment Resources, www.parnic.com
노동부 워크넷, www.work.go.kr
EBS, www.ebs.co.kr
한국대학교육협의회, 입학사정관제
한국직업능력개발원 진로정보센터

최명선

숙명여자대학교 학사, 석사 및 박사(아동상담전공)
아동청소년상담센터맑음 소장
전) 동신대학교 상담심리학과 교수
한국심리학회 공인 발달심리사/한국놀이치료학회 공인 놀이치료사
독일 Saarland University Psychology Diplom 수학
Gestalt Psychotherapy fuer Kinder und Jugendlischen Therapy Course 수료.

• 주요 저서
인성함양/리더쉽함양/청소년복지론/인간관계론/놀이치료―아동중심적 접근
놀이치료의 치료관계와 치료성과/논문의 저술에서 출판까지 외 다수

문은미

노동부 광주고용지원센터 직업상담직 공무원
상담학 석사, 상담심리학 박사과정
동신대학교 교육대학원 강사
청소년 및 대학생 직업진로지도 및 취업교육
청년층직업지도프로그램, 위기청소년진로지도프로그램,
진로캠프, 취업캠프 진행
심층상담(개인상담/자기이해 및 진로설계 등)

서진아

노동부 광주고용지원센터 직업상담직 공무원
사회복지학 석사
청소년 및 대학생 직업진로지도 및 취업교육
중·고 진로지도교사 및 대학 취업지도 담당자 대상 진로지도법 강의
청년층직업지도프로그램 진행 및 진행자 양성과정 강의
진로캠프, 취업캠프 진행
제대군인취업지원프로그램 진행

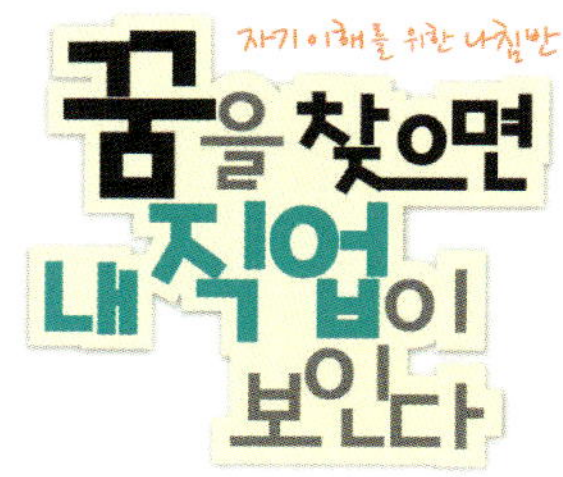

초판 발행 2010년 6월 11일
초판 12쇄 2020년 2월 10일

지은이 최명선 · 문은미 · 서진아
펴낸이 채종준
기   획 이주은
마케팅 김봉환
편   집 박재규
디자인 이효정
아트디렉터 양은정

펴낸곳 한국학술정보(주)
주소 경기도 파주시 회동길 230 (문발동)
전화 031 908 3181(대표)
팩스 031 908 3189
홈페이지 http://ebook.kstudy.com
E-mail 출판사업부 publish@kstudy.com
등록 제일산−115호(2000. 6. 19)

ISBN 978-89-268-0884-9 13370 (Paper Book)
          978-89-268-0885-6 18370 (e-Book)